法兰西书库·睿哲系列

丛书主编　许钧　呼延华

我控诉霸道的经济

[法] 阿尔贝·雅卡尔 著

黄旭颖 译

广西师范大学出版社

·桂林·

**J'ACCUSE L'ECONOMIE
TRIOMPHANTE**

by Albert Jacquard

ⓒCalmann – Lévy, 1995

著作权合同登记图字:20 – 2001 – 022 号

图书在版编目(CIP)数据

我控诉霸道的经济/(法)阿尔贝·雅卡尔著;黄旭颖译.
—桂林:广西师范大学出版社,2001.11
(法兰西书库·睿哲系列 主编:许钧 呼延华)
ISBN 7 – 5633 – 3373 – 8/D·081

Ⅰ.我… Ⅱ.①阿…②黄… Ⅲ.经济主义—批判
Ⅳ.D089

中国版本图书馆 CIP 数据核字(2001)第 075660 号

广西师范大学出版社出版发行
(桂林市中华路36号 邮政编码:541001)
(网址:www.bbtpress.com)
出版人:萧启明
全国新华书店经销
发行热线:010 – 64284815
山东新华印刷厂印刷
(山东省济南市经十路125号 邮政编码:250001)
开本:850mm×1 168mm 1/32
印张:3.75 字数:69 千字
2001 年 12 月第 1 版 2001 年 12 月第 1 次印刷
印数:0 001～5 000 定价:7.80 元

如发现印装质量问题,影响阅读,请与印刷厂联系调换。

主编的话

三年前,法兰西共和国总理若斯潘来华访问,在访沪期间,邀请中方各界人士数十名在法国人设计的上海大剧院会面。记得在会上,我曾针对若斯潘总理在演讲中所强调的"文化价值"问题,向他发问:"文化与语言密切相关,面对世界的'英语化'和全球经济的'一体化',法国政府何以维护法语的地位,又何以发扬光大法兰西文化?"他没有直接回答我的问题,而是作了一个原则性的思考:一个民族语言的丧失,就意味着这个民族文明的终结。任何一个维护民族文化价值的国家都不会听任自己的语言被英语所取代。而对世界来说,经济可以全球化,甚至货币也可以一体化,但文化则要鼓励多元化。他认为,正是本着文化多元化的精神,法兰西文化在尊重其他民族文化的同时,得到了自身的不断发展与丰富。若斯潘的这番回答,尤其他对文化多元化原则的阐发,引发了我日后对文化问题,尤其是对翻译问题的不少思考,而这个冠以"法兰西书库"之名的开放性译丛,就是我们对文化多元价值观的一种认同,也是多元文化精神的一种直接体现。

若从政治的角度来看,法国鼓励全球文化的多样性,推崇文化多元价值观,也许是对抗美国经济霸权的一种策略。但以历史的眼光来看,法兰西对文化价值的推崇,对文学艺术的追求,对实现文化多样性的努力,是以其深厚的民族传统为基础的。不然,很难想像法兰西民族会有其绵延千年、昌盛不衰、为世界瞩目的灿烂文化,更难以想像近代以来,西方思想、文化领域的诸多思潮与流派大都会发轫于法国。近20年来,随着我国改革开放的不断深入,国门一步步打开,国人的视野愈来愈广阔,于是,尽可能全面深入地了解异域的思想与文化,愈来愈成为一种必要。而这套"法兰西书库",便是我们为国人了解当代世界打开的一扇小小的窗口,也是我们为沟通中西文化,促进文化交流所做的一分实实在在的努力。

以"法兰西书库"来命名这套开放性的译丛,似乎太大,难以名副其实。而这一丛书名却体现了出版社、丛书策划和主编者的一种追求:以恒久的努力,不断汲取法兰西文化宝库中深刻而丰厚的思想资源,展示法兰西多姿多彩的当代文化风貌。在我们的计划中,这个书库应该是丰富的。其丰富性主要是体现在其内容上。在选择进入书库的书籍时,我们遵循的是多元的原则,旨在让广大读者能听到法兰西思想的不同声音,看到法兰西文化的不同侧面,欣赏到法兰西文学艺术的不同风采。为此,我们在"法兰西书库"的总名下,将以系列的方式,不断推出能在一定意义上反映当代法国思想、文化领域最新成果的图书,在丰富、充实整个书库的同时,为中法文化的进一步交流与沟通提供一个有益的参照。

我们的努力得到了方方面面的支持。如果没有广西师范大学出版社领导的独特目光和非凡魄力,没有陈丰博士和楚尘君的精心策划,没有法国文化部门和有关出版社的实际推动,没有诸多译者的辛勤工作,就不可能有这个"法兰西书库"的开张、亮相。但愿我们走出的这一步能得到广大读者的广泛认同,但愿我们能在广大读者的有力支持下,走得越来越远。

许 钧

2001 年 7 月 22 日于南京

目　　录

前言 ……………………………………………………（ 1 ）

第一章　不知所措的人类 ………………………………（ 1 ）

　第一节　人口的空前膨胀 ……………………………（ 2 ）

　第二节　人类能力的空前飞跃 ………………………（ 6 ）

　第三节　人的不平等 …………………………………（10）

　第四节　公民间的不平等 ……………………………（13）

　第五节　经济主义 ……………………………………（16）

第二章　"经济主义"的灾难 …………………………（20）

　第一节　社会住房 ……………………………………（22）

　第二节　就业与失业 …………………………………（28）

　第三节　经济主义与农业 ……………………………（34）

　第四节　经济主义在日常生活中 ……………………（37）

　第五节　经济主义与世上的不幸 ……………………（43）

　第六节　经济主义与战争 ……………………………（47）

第三章　模糊的概念 ……………………………………（51）

　第一节　财产与财富 …………………………………（53）

　第二节　从交换到意识 ………………………………（55）

第三节　从交换到价值 ……………………………（59）

第四节　从价值到价格 ……………………………（63）

第五节　价格的确定 ………………………………（66）

第四章　从经济到政治 …………………………（73）

第一节　达尔文式经济主义 ………………………（76）

第二节　被阻止的经济实验 ………………………（81）

第三节　财产所有权：个体对人类 ………………（85）

第四节　人的生命及其价值 ………………………（90）

第五节　回归野蛮 …………………………………（94）

第五章　谈谈幸福如何? ………………………（97）

参考书目 …………………………………………（106）

译后记 ……………………………………………（107）

前　言

或许是年号后头那些个零给人带来的震撼太大了，在又一个千年行将结束之时，研究未来的学者们纷纷对本世纪的最后时刻作出诸多猜想。[①]一些人认为人类将听命于少数疯狂学者的怪念头，这些学者试图利用他们的学识发号施令；另一些人则描绘出一幅硝烟弥漫的画面，说在不近人情的苏联"老大哥"的指挥下，国与国之间将陷入无休止的战争；更有乐观者预言，在资本主义或无产阶级专政取得决定性胜利之后，胜者将扮演拯救者的角色，带领世界进入一个经济复苏的黄金时期。

他们都错了。

现在离这个要命的日子的到来还有 5 年，而我们显然正暗中经历着一场悄无声息的革命；这场革命非得通过它的结果才看得出来，更别提它的革命对象了。人类在不知不觉中换了年号。偶尔地，他们还默默地听从新任指导者教给他们的真理：手中挥舞着诫条的经济学家们信奉的无非是一条准则——市场之诚。

历史告诉我们，天主教的完整主义远远不只是灾难；经济上的完整主义——经济主义——岂不是劫中之劫？

---

① 本书根据法国 Calmann – Lévy 出版社 1995 年版本译出。——译注

第一章　不知所措的人类

"人类疯了,往墙上撞!"要是略微设想一下未来,人们大都有此共识,当然我们说的是比下届选举或本世纪末稍稍远一些的未来。而企业领袖、工会负责人、政界人士或是底层的无产者,无论他们是左派还是右派,私底下也都是这么想的。每个人都努力着,仿佛这是他的职责,不遗余力地维护他所在阶层、所管理的企业、所领导的国家的利益,亦或仅仅是他家庭的利益。可是与此同时,他又怀疑自己的所作所为是否会给这场全球性的灾难雪上加霜。在正往下沉的泰坦尼克号上,是否还有必要花大力气去争取一个好一点儿的船舱呢?

为了不让自己失望,有勇气的人立即采取了逃避的做法,日子一天天过去,用帕斯卡的话说,他们变得消沉起来。犬儒主义者所做的无非是不要小孩,并且建议所有的人都来步他们的后尘,以免将来被自己的命运吓倒;也有神志清醒者乐于扮演卡桑德尔①的角色,宣称灾难即将来临,尽管他们不大可能言中。每个人都感到自己的无能为力,仿佛这是一场宿命,他们无从逃避。

---

①　卡桑德尔(Cassandre,1901~1968),法国美术家、舞台设计师及画家。

——译注

如果这种悲观的念头不过是一种假设:明天,或者再晚些,那么人们就不会再去想它了。这不过是无所事事的学者们玩的一场游戏,这些人喜欢让自己浑身发抖并充分享受灾变说带来的快乐。他们的论据归结为一条简单的形式上的推论:数千年来,不断有人宣告世界末日的到来,或是范围小点儿的灾难,或是人类文明的终结,每一次这样的预言都被证明是错的,这次,它又错了一回。

这和坐在吊篮里从 30 楼往下吊的大厦清洁工是一回事。他在经过第 29 层的时候还提心吊胆的,因为有人告诉他,若不小心摔一跤可是会要命的。但是,慢慢地,他逐渐放下心来,经验告诉他,没什么大不了的。微风拂面,惬意依然,等重新回到了一楼,他就彻底平静下来。

咱们还是言归正传吧,别再混淆视线了:究竟是什么力量牵引着人类走向这个世纪的尽头?

第一节 人口的空前膨胀

人口的首要特征就是数量。这半个世纪以来人口数量的发展已经显出严重失衡的迹象。一度由自然界牢牢掌握的人口开始失去控制,其造成的后果将一直延续到下个世纪末。

人类的自然繁殖力相对较弱,新生儿的死亡率也很高。数千年来,出生和死亡之间存在着一种近乎完美的平衡,它使人类既得以继续繁衍,又不至于出现灾难性的过量繁殖。公元初年,整个地球上只有两三亿的人,到了公元 1000 年,还是这么些人。

后来,这种平衡被打破了,我们自己也曾有心节制人口增长,可是不断提高的降低婴儿死亡率的技术却给我们出了一道难题。若任其自生自灭,一年之中只有不到一半的新生儿能够存活,这么看来,控制增长几乎是不必要的了:今天,在发达国家人口中,儿童所占的比例仅为 1/150。人口数量的增长起初是很缓慢的:第一个 10 亿人口大关的突破在 19 世纪初;第二个出现在 1930 年前后。打那以后,就真的是一发不可收拾了。在过去,全球人口花了 20 个世纪的时间才翻了 3 倍,也就是从奥古斯都国王①到拿破仑一世时期,而现在,仅仅一个 20 世纪,就已经翻了 3 番。到 2000 年,全球人口总数将突破 60 亿。照这种速度发展下去,等待人类的只有灾难。幸好,它开始减速了。第三世界国家正在努力降低人口出生率;下个世纪后半叶,全世界的人口数量将达到最顶峰。大约在 100 亿至 110 亿左右。但是,人口的控制需要全人类的积极努力,也就是说,富国要给予穷国有力的支持。

人类正经历着全新的发展。面对如此混乱的局面,没有任何以往的经验可以借鉴。从前那些化险为夷的招数如今派不上一丁点儿用场。我们得自己摸索,探寻出合适的做法,来适应这些从未遇见过的情况,它们的特点是难度不大,变化却很快。

变化的速度通过全球人口数量翻倍所需的年数可见一

---

① 奥古斯都(Augustus,公元前 63 年~公元 14 年),古罗马帝国第一代皇帝。

——译注

斑。在 19 世纪，人口经过 100 年才翻了一倍，20 世纪上半叶，总共用了 65 年；70 年代则只用了 35 年。不断缩短的增长周期终于打住了：今年(1994)翻倍的时间又延长到了 45 年。咱们可以设想，到下个世纪中叶这一周期将无限地延长，也就是说，"零增长"最终还是有望实现的。

人们希望其他国家能通过较尊重个人自由的方式达到控制生育、降低人口增长速度的目的。大家都知道，这其中最有效的手段就是对年轻女性进行教育。统计结果表明，受过良好教育的女孩比她们的母亲生的孩子要少。一项在摩洛哥进行的研究得出了以上的重要结论。在摩洛哥高中以上学历的年轻妇女每人育有不到两个孩子，而仅受过初级教育的年轻女性却和她们的母亲一样，有五个以上的孩子。是教育造成了这样的状况。人们以往的观念是为了自己的家族、种族，或者民族的利益而生育，新一代的父母已不再这么想，他们把孩子的命运放在首要的位置来考虑。他们不再从所在阶层的利益出发去生儿育女，而是从孩子自身的利益出发。

为了全人类的利益，要尽快降低出生率，并把人口总数控制在一个较低的范围内，当务之急是在所有国家都建立起一套对男生和女生同样切实可行的教育体制。大部分人口增长呈"脱缰"形势的贫穷国家都会对此积极配合，问题是它们没有办法实现它。

可是，作为一个整体的人类却有的是办法。这里就有一个简便的方案，它能让所有国家都受益：让富国替穷国出这笔建立教育体制的钱。这么做的目的显然不在于让穷国接受富国的制约。每一种文化都应当对教育的客观性负完全的责任，教育不是强制性的灌输,而应该是面对真理的开放态度,是敢于向未知世界作出最初尝试的勇气。教育是让人找到自我的方式,也是让人学会自控的途径。人要通过教育才能成为人类的一员,因此,应当由人类共同承担这笔费用。

我们发现能这么做的组织半个世纪前就有了。如果所有成员国都参与这样的行动,联合国教科文组织就能重新焕发出活力。唉,可眼下最富有的国家实行的政策却与之相反,它们以政治上的分歧为借口,缩减对穷国的资助。这真是利己主义自取灭亡的好例子。

无论人类怎么努力,那些苍白无力的统计数据却告诉我们,要想把人口控制在100亿以内是不大可能了。鉴于咱们对如此庞大的人潮毫无经验,大家难免要提出这样一个问题,并要求各方各面的专家们集中他们的全部学识来回答:人类生存的宇宙是否容得下这么多人?

人们通常会不自觉地换个方式提问:地球养得活这100亿人吗?

专家们一致的回答是:是的。只要我们能更好地利用土地,更有效地阻止土地沙漠化,少浪费点儿资源,让粮食的供求得到平衡。说到浪费,就不能不提到一些富国的饮食消费习惯,它们消费大量的肉制品,为此耗费数量庞大的谷类制品来喂养牲口,回报却极低。其实只要减少肉类的消耗就能缓解农产品资源的短缺。

但是,人们只是就人类需求的一个方面提出这个问题的。当然啦,传统型的农民,像从前的欧洲农民或是"南半球"国家的农民,没有向地球索取过任何东西;相反,发达国家的居民却比他们要求的多得多。地球得向他们提供石油、木材、稀有金属,这种种资源都是地球无法再生或者再生十分缓慢的。同时还得向他们提供无数个大型"垃圾桶"来处理他们制造的堆积如山的生活废品。

关键的问题是:我们的地球能养活多少像今天的西方居民那样消费的人吗? 答案当然只能是个大概的数据。美国学者和法国学者分别对此进行了估算,得出的答案是相同的:怎么算也不足 7 亿人。如果再不彻底、迅速地转变生活方式的话,人类将要演绎的悲剧就全在这几个数字里了,数字的枯燥无情不容你多作想像:现在我们有 50 亿的人口,再过一个世纪可能翻一番,而按照普通西方人的方式吃喝享用我们这个星球所拥有的资源只够不到 10 亿人,而且几乎全世界的人都还梦想着有朝一日能过上那样的生活。

这可叫我们如何是好呀?

第二节   人类能力的空前飞跃

要回答这个问题,就不能不联想到当代人类的另一个特点:能力的极大提高。在各个领域,无论是对我们观察到的周遭事物或是对这些事物的改变,我们都有办法对付,而这些办法在不到一个世纪以前我们连想都不敢想。人类进步的神速使我们习惯地产生了这样的想法:今天的不可能到了明天就会成为例行公事。这种对科技无限发展的信任，很容易地就被当成确切的事实。如此说来，随着科学或技术的发展，任何问题将来都会迎刃而解。然而这份信任恐怕是太天真了：人类的能力是空前提高了，可它应付得了空前庞大、数量惊人的人口吗？

人类指望将来从地球那儿得到的资源，地球可能没法儿满足他们了，人们就想出了一个十分简单的计划：离开这个星球，移民到一个更舒适的星球上去得了。现在，我们一天就能在巴黎和纽约之间跑个来回，这即便是儒勒·凡尔纳也想不到的，为什么我们就不能设想一下跨星际的旅程呢？

可惜呀，这样的举动受到一些时空条件的制约，特别是以下的事实：任何物体都不能自己移动，而任何一种信息的传送速度都不可能比光速更快。这可不是区区几个技术上的成果就能跨越的门槛；我们眼前确确实实摆着的障碍来自于我们生存发展的宇宙空间，况且星与星之间相隔的距离是那么遥远。就算是光子，这些光的小粒子，也需要 4 年的时间才能到达离我们最近的那颗星——半人马座的比邻星①。

在银河系的星球当中，拥有行星的并不多见，有着和地球相似特征的行星就更罕见了。要想找到一颗距地球 100 多光年以内的备用行星，可不是件容易的事。只要想一想首批被派去摸底的探险家归来时的情形，就足以让我们果断地放弃这个梦想了。

怎么，又打起太阳系行星的主意了？那就让我们来认识一

---

① 比邻星（Proxima Centauri），半人马座中最暗的子星，是距地球最近的恒星。——译注

下它们吧。我们可以在一些行星上建设几座永久性空间站，但跟在地球上比起来，这些空间站不大可能独立运转。少数人可以到那儿定居，靠专门的交通工具维系与人类的交往，可是要想让整个人类都上那儿去居住则是行不通的。

我们的考虑应该从这样的事实出发：人类是地球的囚徒。鉴于地球的现实条件，人们应当就地解决问题，尽量利用有限的条件来实现自己的目标。

我们大可不必为这件事感到忧伤，仿佛遭到了命运的打击。恰恰相反，它给了我们展示想像力的机会。

就算到了一个人间天堂，有着取之不尽、用之不竭的资源，或是到了另一片能满足我们一切需要的土地上，但是在共同生活当中，我们也还是要面对各种各样的问题：是选择对抗，还是友爱；是相互歧视，还是紧密团结。这些问题在地球上由于受客观条件的限制而变得非常尖锐了。我们很晚才明白过来，今天所面临的困难是从何而来的。这也告诉我们为什么要清醒地认识现状，要客观地分析我们因满脑子幻想一时冲动而造成的后果。虽然我们通常不愿意承认，但今天的局面的确是我们自己选择的结果，我们以为世界上的人是永远不会灭绝的。然而时值今日，正如保尔·瓦莱里①所说，"世界末日到了"。

《创世记》的作者早就隐约预见到了这一结局，书中造物主说："生长繁衍吧，布满整个地球。"3 000 年过去了，我们有理由

_____

① 瓦莱里（Valéry, Paul Ambroise 1871～1945），法国作家、诗人、文艺评论家。——译注

相信地球有一天真的会"装满了人"。这个注定了的悲剧似乎应该是很遥远的,不会马上给我们带来什么问题。可是现在,它离我们却非常地近,要求我们不得不彻底改变行为方式。

这位作者还补充了一条命令:"去征服地球吧!"这条指示听上去可太不切实际了。宇宙万物都得服从自然界的规律:石头被扔出去会往下落,动物没东西吃就会饿死,人作为被创造出来的生物只能默默地承受附加给他们的命运,又岂能与老天对着干呢?

哪一天我们真的"布满"了地球,离"征服"它也就不远了。几个世纪以来,尤其是最近几十年来,人类通晓了不少自然界的规律,也能够应付自如了。但是,面对每年数百万的人死于天花,我们却一直痛心疾首而又无能为力。我们一度把那些病毒控制得很好,它们被保存在实验室密封的试管中,已经消失了18年之久。人类一直都是疾病的受害者,例如苯丙酮尿症[①],它从我们的生命尚在孕育时起就存在于我们体内,并按照特定的组合随我们一起生长。今天,我们已经能够破译这种组合并让症状自己表现出来,甚至一些宇宙间的事也能够被改变。假如有一颗小行星可能坠落到地球,并严重干扰地面气候,我们会发现它,预先算出它的轨道并将其改变以避免这场危险。

这一切看起来就像人类刚刚从童年进入成年阶段,从一个它只能接受命运安排的时期进入了能掌握自己命运的时期。我们正经历着人类特有的危机——青春期。

---

① 苯丙酮尿症(Phenylketonuria),一种先天性代谢异常。——译注

因此我们应当选定一个目标,从现在开始采取行动,努力向目标进发。

首先,"生长和繁衍"的人类必须控制自己的数目。这个数目应该是地球承受得了的。

局面是如此混乱,以至大部分负责社会道德的部门,特别是教会,反应总是不够及时,过去它们对许多有益于人类的要求就缩手缩脚,而后呢,又跟人们定的目标唱反调。

一旦这个合理的要求得到实施——这在一个世纪以后是有可能发生的——我们要做的事就是一起来决定,让我们具有的能力发挥应有的作用。既然命运掌握在我们自己手中,就得想清楚:我们究竟是什么? 我们想变成什么样? 该给人类定一个怎样的目标好呢?

第三节　人的不平等

关于这个目标,来自不同文化背景的人们非常容易达成共识,至少他们口头上是这么说的:应当尊重人的权利,也就是说,要让每个生命的尊严得到尊重。这些权利的最初表述是随意的:它们出现在那些率先介绍真理的文章中,这些文章证实了假设的真理的真实性,或出现在某些哲学家的著作里,它们被当成人类的一线曙光。

现在,我们总算可以清楚地得知这些关于世界、关于我们自己的权利。事实上,我们看到人类的特点,就是每一个集体都能让它的成员自觉地产生成为"人"的意识。这一意识的产生并不是成员个体的特征,而是所有成员之间相互影响的特征:这种相互作用表现在各种不同形式的交流所产生的许多相同点上。

集体的主要功能就是组织这些交流,以便调动个人的积极性,这只有当个人获得与他人同样的地位时才能办到。

我们假设人们时常挂在嘴边的获得平等与尊重的理想,有真正被严肃对待的片刻。随即,那些平时享受优越生活条件的社会福利政策的最大受益者们就得迅速降低他们的生活水准。原因很简单,今天地球上有 50 亿人口,明天可能就是 100 亿,西方普通居民消耗的资源,不管是不可再生的或是再生十分缓慢的,都大大超出了地球的自然承受能力。

有关的数据大家都很熟悉了,可是却没人注意过它们的后果:占全球人口总数 20% 的 10 亿人,消费了全部流动财富的80%。这表明,富人,也就是北半球的居民,人均消费水平是穷人——南半球居民——的 16 倍。如果有根魔杖轻轻一点,平等的制度明天就建立了起来,那么,今天这些特权享有者们会看到他们的财物被四个人瓜分干净。当然,这样的奇迹没有半点出现的可能,但它仍然预示了这样一个事实:要想实现平等,大幅度缩减北半球国家的消费势在必行。

与此相反的是,西方社会却在日渐增长的消费中艰难地寻找解药,尤其盼着能找到解决失业的方法,这显然是一个幌子。西方最不愿干的就是抛开虚伪的面具。为自己选择了不断地增加消费,就等于让别人去承受由此造成的后果。那么我们只好承认,权利的平等不过是哲学家、空想理论家或诗人的美好愿望罢了。务实的决策者们还得有些别的本事。他们必须是自由、有竞争力并且高效率的。从这样的逻辑出发,北半球可以帮助南半球也进入到增长消费的行列中来,当然纯粹是出于好意。可是这帮助的幅度还不能太大,否则地球失去生机的这一天到来得还要早。

想达到这样的消费增长就只能继续保持甚至扩大这两类人的差距。在资源分配上,贫与富的关系是 1∶16,将来会变成 1∶20,而后是 1∶30、1∶50……要多久这样的不平衡才能使它的受害者承受得了呢?

日复一日,他们对这一差距的耐心比他们获得的要少。他们在电视屏幕上看着挥霍无度者逍遥过活,而身边满是一无所有的人为了生存而挣扎。他们在两样现实中左右为难,一边是诱人的生活,尽管对于他们是虚幻的;另一边则是沉重的生存包袱,他们丢也丢不掉。对于前者吧,他们光看看图像就行了;这后者可跟他们及其周围的人的生活息息相关。也许某一天他们真的会聚集到一块儿,互相团结,组织起来,然后向富人的堡垒发起进攻。

他们忘记了彼此之间的争执,矛头指向共同的敌人——富人,对于他们的反抗,能采取的唯一手段就是暴力。对付这些可怜人的进攻,富国们可得仰仗它们强大的军火了。这些军火原本是为北半球国家之间的冲突预备的,如今为了和南边的那帮家伙保持一定距离,它们倒可以派上用场。也许这就是核武器拥有国令人费解地不断改进核武器性能的原因吧。

显然,这样的武器只能在两个核武器大国之间使用。摧毁对方,自己也必死无疑。以法国为例,就很有必要问问:究竟在什么情况下有必要动用核武力？事实上根本没有这个必要。就算敌人的坦克——假设这配备核武器的"敌人"是从东边来的——袭击了斯特拉斯堡、巴黎或布雷斯特,人们也决不会作出动用核武器的决定,因为他们知道,那将会在几个小时之内摧毁整个国家。

相反地,一个仅仅装备老式武器的国家,用几个百万吨级甚至千吨级的火箭就足以让那帮乌合之众乖乖听话。这样就可以用一场"干净、漂亮"的战争问心无愧地将敌人消灭于千里之外。

这么做是不是显得太无耻了？海湾战争的经验告诉我们,如果敌人只不过被当成需要消灭的抽象的实体,一个文明的民族会做出怎样极端的行为。美军坦克在行进途中活埋了许多伊拉克步兵,被问及时,负责人作了如下解释:用坦克比一个一个地杀死他们再将其掩埋来得快而且省,反正结果都一样。

也许人与人之间如此地相互憎恨是少有的,可是要维持富人与那些沮丧的、眼红的人之间的势力平衡,只有通过行动上的威胁和对暴力的无尽恐惧才能实现。

第四节　公民间的不平等

一切不定的因素都有相互制衡的可能。在国家内部,在那些处在资源阶梯顶端的人和生活在最底层的人之间,前者一心要保住他们的特权,后者则梦想着能更多地分享资源。北半球国家的生产方式,即资本主义,不可否认地带来了高效率,这在近两个世纪的时间里得到了证实,可是它也正在迅速地进行深入的转变。上个世纪,资本主义的成功来自对工人的残酷剥削。资产阶级认为必须以此为起点来获取生产资料,以便令其有朝一日为所有人带来利益。的确,人们的生活水平逐渐得到了改善。

20世纪下半叶出现的意想不到的转变,完全改变了原有的生产方式。战争结束后,人们把重心放到提高劳动生产率上,也就是说,用大批量生产来减少所需的人力劳动。可对工人的需求是如此之大,以至于他们几乎完全没有受到这些进步的影响,这时,充分就业还是不成问题的。

劳动生产率经过一个时期的迅速提高,发展速度自然会减慢。然而出乎预料的是,它反而加速发展了,并且是持续的,这主要归功于电子技术的发展。听从电脑指挥的机器人随处可见,它们占领了人的位置。它们从不生病,不参加工会,也没有情感。这样的竞争是不公平的。在一个充满竞争的社会里,机器取代了人,人没有用处了。

甚至不再有剥削工人的必要,只要开除他们就够了。解雇接替了剥削。

怎么能够想像,当许许多多的男人和女人被认为是"多余的人"时,社会还能保持风平浪静呢?

按照大家对人这个定义的理解,在其他人看来,每个人都是家庭的一员:"想造人,首先得有人。"如此一来,没有人会是多余的。削减任何一个人对所有人都是一种损失。而对于这个不幸被开除的人来说,他只得坠入失望的深渊。因为世上再没有比这更叫人绝望的事了——感到自己的存在对任何人都毫无意义。

通过裁员来调整社会机制——也就是失业——对这个社会来说无异于见死不救。想保持社会的健康,关键应该杜绝裁员。

特大型城市郊区的发展,像在拉美地区,预示着所有大城市今后的模样。青年人呢,他们对未来毫无把握,只能在犯罪、卖淫、吸毒中懵懂度日。他们干的好事使得一些警察也做出了相应的创举,这些警察烦透了行动迟缓、效率低下的法院,他们舍"正统做法"而走偏门。采取暴力只会不可避免地挑起、延续、加剧暴力的发生。如今在里约热内卢,开汽车的人晚上碰到红灯都不敢停,因为怕一不小心就成为下一个被袭击的对象。这种事什么时候会轮到巴黎和伦敦的市民呢?

当罗马君主们受到基督教日益普及的威胁时,他们原以为只要将那些狂热信徒投进角斗场喂野兽问题就会解决。结果反而出现了更多的殉教者。镇压也适得其反,因为这些基督教徒都受到一种信仰的支持。这个信仰就算够强大、够令人生畏的了,可是,跟造成今天许多犯罪的罪魁祸首——绝望——比起来,不过是小巫见大巫。

国与国之间,大开杀戒的威胁或许能使有意反抗的国家按兵不动。在一国内部,特权阶级试图求助于国家力量。这种力量应该是随处可见的。它要起作用,离不开一个严密的为政权服务的信息网。信息科学提供的各式手段令罪犯无所遁形。为了维持太平的假象,市民们将付出的代价就是得一直忍受这样的监视。要自由还是安全,人们必须作出选择,而选择的结果总是一样的。

乔治·奥维尔①早在 1948 年就设想了这样的一种状况,并描绘出人类 1984 年的样子。我们已经超过这个年份 10 年了,要是我们还算清醒的话,就会发现我们正走上苏联似的独裁之路。

第五节　经济主义

对那些因循守旧的人来说,这条道路看来是不可避免的。现在与它分道扬镳,再去创造一个新的人类社会还来得及吗?如果回答是否定的,那我们子孙后代的未来就不堪设想了。只有人才能想像出一个乌托邦并去实现它,以使自己能够掌握自己的命运,但是恐怕在很长时间内,甚至永远都做不到了。

行动起来吧,就当还不算太晚。要想改变历史的进程,首先得试着了解是怎样的体制将我们引入如今的歧途。如果只要描绘出某个坏蛋或是十恶不赦的魔鬼,有着我们无法破解的魔法,那倒容易了。事实可没那么简单,正是人们的一种错误逻辑把我们搞到这步田地的。

不要认为是我们的恶行招来神对我们的惩罚,或是自然界对我们的报复。是我们自己愿意听从外来的意愿。首先,我们

---

① 　奥维尔(Orwell, George 1903～1950),英国讽刺小说家、新闻记者、自传作者。——译注

得拒绝逆来顺受,而后,就会有足够的意愿想得到一些东西。这是一种我们不擅长的经营人与人之间关系的方式,而这正是我们应该揭露和谴责的。

在过去,关系国家发展方向的决策主要是由君主作出的。君主是国家的象征,他依据自己的判断,区分出对国家好与不好的事。他们最常追求的目标就是国家的强大。一个国家总是想要得到更宽广的疆域,更多的臣民。我们在学校里学到的历史,主要是由连绵不断的战争构成,就是这种对强大的欲望造成了国与国之间的冲突。历史是国家的历史,而不是人民的历史,人民更多地成了这些冲突心甘情愿的牺牲品而不是受益者。

当然,这种状况还没有消失,不过一些国家已经在努力,至少在理论上,将决定权交给人民。经过了纷繁复杂的过程,某些国家确实做到了,咱们可以称之为民主国家。说实在的,它们的数量实在是少得可怜,在联合国 180 多个国家中,也就不到 20个。统治者的目的不再是自身的强大,而是人民的福祉。甚至,要他们用强大去换取人民的利益也在所不惜,他们的出发点和态度都和前人不同:扩展疆域,吞并肥沃的土地或众多的臣民,这些都不再是挥之不去的欲念。

在国家的管理方面,君主的作用无疑比过去小得多了;但是从全球范围来看,它仍以别的形式存在着。随着生产力和交流的发展,出现了一些几近完全独立于国家之外的决策中心。对整个人类来说,一些大型多国公司扮演的角色至少和那些大国同样重要。它们的经营范围遍及各大洲,它们作出的决定关乎数亿人的喜乐。投资选择,待遇政策,不同工厂之间的产量分配,这些行为对人类活动的影响比大多数政府要大。比利时总理与比利时国家总公司的老板比起来,谁的分量重呢?答案是显而易见的。不过前者为众人所熟悉,大家知道他是如何坐上这个位置的,而后者在董事会内幕交易中胜出,只有少数了解内情的人才认识他。实际上,对全人类最重要的决定是由一个圈子里的少数几个人作出的,他们的权力受到彼此的制约。

这些人并不比别人有理由去行凶作恶。他们和所有人一样,患上了幼稚病的后遗症,对名利有着强烈的欲望,总是想把交给他们的任务完成到最好。这意味着他们的行为是有标准的。对这些标准的选择可就关键了。在今天的社会,不会有人给他们提建议,从前的国王倒是有神甫向他们提示基督教义,现在是由经济学专家针对各种问题,向他们阐述应当采取的政策,以便最大限度地增加下一个财政年度的收入或长远赢利。

决策者们——用盎格鲁-撒克逊人的话来说就是 decision makers——的思想受经济学家们的摆布,甚至那些有待解决的问题都是用他们造的关键词来表述的。这些年里,他们新近拉拢了一个重要同盟——计算机。它的软件是如此微妙,以至于人们无法彻底获悉它的内容,它们处理大量的数据,然后公布真相。它们得出的结论不容怀疑。人们对获取这些结论的来龙去脉,尤其是对构成理论基础的那些假设一无所知,特别是构建理论的那些假设。可别小看这些结论,它们的力量不比过去所谓被揭示的真理小。它们源自一股真实的狂热,同某些教派的狂热一样偏执:那是对经济的狂热,可谓"经济主义"。

在过去的很长一段时间内,经济学家们仅限于向那些影响重要决策的辩论提供往往是微不足道的帮助,增加一点"技术官僚"的声音,以壮大别人的呼声。他们呼唤自由、和平或赤贫者的尊严,呼唤历史上所有曾感召过人民的伟大理想;他们只对观念感兴趣;他们是空想理论家。

但是,如今这个词发生了奇怪的转变,成为带贬义的了。拿破仑看待空想理论家们时就已经带着蔑视。时至今日,这种蔑视发展到人们可以把所谓的"空想理论之死"当作胜利来庆祝的地步。在我们西方社会,经济学家们今后只能自己说给自己听了,就像伊朗的长老总是自说自话一样。

然而,这个金钱社会仗着它的财富,要把整个地球的将来都置于它的统治之下,由它来掌握方向,而它唯一的指南针就是经济学理论,由它的失误而造成的灾难数不胜数,让我们来一探究竟吧。

第二章 "经济主义"的灾难

经济,通常的表述为"政治经济学",被认为是生产的科学,也是财富分配及消费的科学。

它的先驱是 18 世纪的"重农主义者",倡导人是蓬巴杜夫人①的医生魁奈②。重农主义者分析了社会各阶层之间的财富流动,试图找出一个最佳的组合。根据他们的观点,这个最佳组合只能通过对"自然秩序"的尊重来实现,现实世界中发生的一切现象莫不遵循着这个秩序。

这是物体间相互作用的结果,无论是生物还是非生物。而人类一直以来的干扰只会破坏这种秩序,因此,必须尽可能地限制人类的干扰。

在重农主义者看来,只有地球才是财富的创造者。而人,农民、工人、手工业者、商人,他们所做的事,只不过改变了财富的形式或性质,并没有使之增加。正是这一观点构成了他们有关社会组合的立场,它尤其强调了这么一个论点,即应当只根据地产来决定赋税。只有世袭君主专制制度所代表的至高无上的权

---

① 蓬巴杜夫人(Pompadour, Mme de 1721～1764),法王路易十五的情妇。——译注
② 魁奈(Quesnay, Francois 1694～1774),法国经济学家,重农学派的领袖。——译注

力才符合这个自然秩序的要求。

杜尔哥①的改革和国民议会采取的一些措施都从这些理论家那儿获得启发,杜尔哥将他们的思想总结成这样一则格言:"工作及贸易自由。"自由主义打一开始就是经济的核心信条,并且一直保留了下来,直至成为其主要内容,尽管原本应该对它作些修改的。

地球是财富的唯一来源这个观点经不起任何检验。自19世纪开始,英国的亚当·斯密②和法国的萨伊③把财富的来源归功于人类的劳动。如此一来,经济学家们面临的问题就是要调整财富的创造者与消费者之间的关系,以便保证社会利润的最大化,这也就意味着,任何的改变在使一些人更加满意的同时必然会使另一些人更加不满。

这一体系由贸易往来的价格总和体现。然而价格又受商品的供应或需求者利己主义行为的控制。有些人想获得尽可能高的价格,另有一部分人则要低一点的。他们通过交易最终达成了"市场"价格。

"追求利润最大化"定理是经济学家的核心思想,它认为相互对立的利己主义游戏所追求的公平状态与保障利润最大化的价格体系是相对应的。两者——创造者和消费者——都只想着保全自己的利益,而总体机制将令所有人而不是部分人受益,如

---

① 杜尔哥(Turgot, Anne - Robert - Jacques 1727 ~ 1781),法国经济学家,重农学派主要代表人物之一。——译注

② 亚当·斯密(Smith, Adam 1723 ~ 1790),英国著名经济学家。——译注

③ 萨伊(Say, Jean - Baptiste 1767 ~ 1832),法国经济学家,以其市场说(亦称销售说)最为有名。——译注

果它还能运转自如的话。

这一切看上去，用亚当·斯密的话说，就像有一只"无形的手"在操纵着一切，它利用许多追逐自身利益的个人来为集体利益服务。当然，一切都力求至善；我们只需顺其自然，尽管从外表看上去这些自发的行为和利己主义一样不讨人喜欢。

自从不计其数的经济学家精简了这些理论之后，它们的表述显然有了不少差别。某些人，像卡尔·马克思或约瑟夫·蒲鲁东①，甚至反其道而行之。然而，我们的西方社会还终日沉浸在自然秩序造出的乐观景象里，相信只要不加干涉，一切都会走向最圆满的结局。这幅景象如今更多的是被严密的外衣包裹起来，却很少受到质疑，它让大部分渴望了解它的人感到失望。定理的高深莫测给权威人士的理论以沉重的一击，以至于人们在诸如里根或撒切尔夫人这般鼎鼎有名的崇尚自由主义的完整主义者面前不敢发表任何意见。

然而，当人们看到完整主义在许多领域，诸如农业、住房、就业、体育和环境建设方面造成的后果时，心中不免要产生疑问。经济主义造成的灾难，难以尽数。

第一节　社会住房

在今天的法国，狭隘的经济理论造成的最恶劣后果，当数穷

---

① 蒲鲁东（Proudhon, Pierre‐Joseph 1809~1865），法国社会主义者。——译注

人——更确切地说是没钱人——的住房问题。

几个世纪以来,下层阶级从未就住房问题向社会提出过任何要求。农民们住在父辈留给他们的又旧又破的房子里。仆人们,像马车夫、随身男仆、贴身女仆、厨子等,都由主人提供住处,尽管那些地方常常脏乱不堪,但他们已经习以为常了。女仆们的房间在顶层,没有取暖装置,也没有卫生设施,这样的房间专归佣人居住。重读左拉的《家常菜》并非毫无用处,从中可以看到那些号称正人君子的资产阶级家庭是如何剥削他们的家丁的。

到了19世纪,工业的发展提出了一个新问题:如何安置工人和他们的家庭?工人身上最令老板欣赏的品质就是他们对于企业的忠诚,一种可以延续好几代人的忠诚。劳动力的稳定保证了社会的长治久安。这让工人感到自己与企业甚至与整个地区的繁荣息息相关。工人住宅区的兴建更加巩固了这种稳定性。住在离工作地点不远的地方,支付工资允许的租金,工人会觉得自己得到的待遇相当体面。只有当他必须或者想要结束这份工作的时候才会意识到自己已经陷入圈套里了。

名为"社区"的地方通常是老板们设下的陷阱。为了令其更加完善,一些企业,像克莱蒙费朗的米其林公司,给工人社区配备了社区生活所需的一切设施(产科、学校、教堂、医院……)。

人们出生在米其林,受教育在米其林,生病住院在米其林,死了葬在米其林,他们祷告的上帝指示他们要感谢一位名叫米其林的保护者。当然啦,他就住在米其林的一幢房子里头。

某些颠覆性思想的出现引起了反抗这种封闭的斗争。工人欠企业的仅仅是与工资相对应的那部分才智和体力,他的生活方式还是该由他自己来选择,应该由全体工人而不是他的雇主说了算。首先要解决的问题就是住房。

在传统上,法国人把住房看做是一件私人的事。做自己房子的主人,按照自己的设计来建造它,是许多人的梦想。国家直到近年才被迫介入,因为两次世界大战摧毁了大量房屋,随着城市的迅速发展,对住房提出了新的要求。

一直到 1914 年,修建住房都要经过财政部门的批准,而财政系统又完全受供需关系的支配。投资高档住宅当然比投资大众住房要有利可图多了,前者面向的是有钱阶层,他们付得起高额房款,后者却是面向工人阶层的。奥斯曼①梦想中的新巴黎在 19 世纪下半叶变为现实,它由外观富丽堂皇的豪华建筑堆砌而成。其结果是从 20 世纪初开始,"资产阶级"住宅出现了供大于求的局面,而民众对大众化住宅的需求却远远未被满足。

根据传统的经济学理论,这只不过是一个必经阶段,会自然而然地过渡到新的平衡。高档住宅的过剩将导致其价格下跌,从而让更多的富裕家庭有能力购买,这样又会空出许多公寓房给收入稍低一点的家庭。以此类推,最终将使最贫困的家庭受益。通过为富人盖房子,久而久之,也解决了穷人的居住问题。

如果不考虑转换的漫长过程造成的人间悲剧,这套机制还是可取的。但只有在一个对不幸者连最起码的同情都没有的社会中,它才行得通。当然,这种同情从大局上看不是十分紧要,

---

① 奥斯曼(Haussmann, Georges – Eugène, Baron 1809 ~ 1891),法国官吏,第二帝国时期巴黎进行大规模改建工作的主要负责人。——译注

但也并非无足轻重。一旦跨过不公平的门槛,就很难再保持无动于衷,而经济这台机器也就越发肆无忌惮了。

这道门槛的跨越是由 1914 年的战争引起的。家里的男子都上了前线,家庭丧失了收入的主要来源,房东们再也收不到房租了,只好将那些穷房客赶走。这么做似乎有点不近人情。于是"延期付款"应运而生。延期的方式原是为照顾被应征入伍的人而设定的,后来却发展到各类房客都可享受了。如此一来,国家不情愿地被迫当起了房东和房客之间的中介人,经济体制在它手里就更不像样了,因为它从来没有为此作过准备,也不敢完全发挥经济的作用。

战争造成的巨大破坏以及恢复和平后大批移民的涌入——当然,这些人对经济的复苏是必不可少的动力——引起住房需求的迅猛增长。然而,私人投资者只对资金回报感兴趣,他们放弃了这个不甚吸引人的领域而交由国家接手。供需的严重失衡几乎导致社会危机。于是,房价被禁止上涨或受到严格限制。

受通货膨胀的影响,房价实际上有所下跌:1925 年的房价只相当于 1914 年的 1/4。30 年代的经济大萧条,接着是第二次世界大战,都加剧了价格的下滑。到了 1945 年,房租在一个工人家庭的预算中所占的比例不足 2%,要在 1914 年连 15% 都不止。

好处是实实在在的,不过它和房屋的破损相抵消了。1914 年,被归入"破旧"行列的房屋约有 15 万所,到 1945 年已超过 300 万。更糟的是,由于停止了修建,住房数量严重不足。两次世界大战之间,每年修建的房屋不到 12 万户。

根据我们天真而又固执的经济学家们的说法,这个历时 30

多年的时期是一个实验性的阶段,它告诉大家,长此以往可能出现的各种弊端,好让住户们能很快就从中受益。有人说,要摧毁一座城市,我们可以借助于两种同样有效的方法:或把它炸毁,或勒令冻结房价。事实上,国家的态度使这个实验的方向有所偏移,国家倾向于解决需求问题,而对供应问题却不愿一视同仁。

尽管有几条空泛的规定,国家权力在房产投资上仍未真正发挥效力。建于 1894 年的著名廉价住宅 H.M.B.取代了那些破屋烂房,后者可谓是传染病和犯罪的温床。1928 年颁布的卢舍尔法试图重新调动建筑单位的积极性,但它的目标仅仅是在 5 年中兴建 20 万所住宅,这和当时的需求量相比实在是微不足道。

二战后,国家为了提高房产投资的回报,终于试着从供应方面着手了。1948 年的法律放开了新建房的价格,并允许大幅提高古旧住宅的房价,后来又给了投资商许多税收方面的优惠政策,最后国家索性直接介入了财政,借助的就是诸如信贷银行之类的公共机构。

这些举措倒也不是毫无成效的:建成的房屋数量从 1950 年的 5.2 万所稳步上升到 1972 年的 54.6 万所。后来,随着国家投入的减少,这个数目也迅速下降。1991 年只建成了 30 万户住房,此后持续下降。

当然,需求量是不如战争刚结束的时候大。按照今天的"舒适"标准,当时还过不上舒适生活的人口比例几乎达到 30%。于是,为居住条件恶劣的人或没有房子的人办些好事就不仅是道德所迫,更是一项有利可图的候选投资项目。这个比例现在只有 9% 或 10%。进步是无可争议的,但是努力也还得继续。

然而,在极端自由主义风气的影响下,根据完整主义经济学家的意见,与房产有关的经济部门被取消了。住房不再被视为满足人类需求的途径,它成了投机的对象,住房越是紧张,它带来的利润也就越高。于是人们陷入了一种讽刺的局面,一边是大量的空置住房(根据 1992 年国家统计及经济学研究所的统计结果,巴黎有空置房 11.7 万所)和无人问津的办公大楼(超过 150 万平方米,相当于两万套住房),另一边却有成千上万的家庭连一套过得去的房子都找不着。

金融投资与房产投资的竞争是不公平的,金融投资越来越赚钱,而房产投资总害怕又出台对住户有利的政策。事实上,目前的局面总不外乎一种结果:要么接受经济学家的意见,那就得把缓慢进程中发生的人间悲剧看做稀松平常的事,等着住房紧缺导致价格上扬,价格上扬又带来投资的增加,最终解决了老百姓的需求;要么我们本着以对所有人的尊重为基础的伦理精神,拒绝这些悲剧,彻底摈弃这种体制。是否投资房产不再由经济学家唯利润的理论决定,而只取决于国家所代表的全体人民的意愿。由此,便从经济的逻辑转向了战争的逻辑。

在保卫国家领土完整时,大家为了赢得胜利可以不惜一切代价。那么,为什么在保卫所有公民被平等对待的权利的时候就不能持同样的态度呢? 得不到住房的人连尊严都没有了。

是的,是该进行一场战争,不过不是对强弱各异的敌人,而是针对不平等和贫穷。

不幸的是,我们的社会刚刚才意识到这项权利的重要性。随着对全体公民"住房权"的认识的提高,1990 年的贝松法终于作出了一项新的规定:它意味着在有关住房的领域内,必须按法律办事而不是听凭经济学家的摆布。

现在,问题的解决就看当局的态度了。没人住的房子比没房住的家庭还多。但愿有朝一日,"只需要"不再只是一句简单的套话。实际上,"需要"做的"只是"将空置的房屋纳入商业运营。如果现行法律允许的话,这会更容易些。那还等什么呢?唯一的顾虑就是怕一旦投资商发觉他们的利润领地被别人瓜分,会停止修建供出租的房屋。这种担忧当然不无道理,但是,服从于它不但不会为最贫穷的人带来尊严,反而会增加资本家的收入。

在这个问题和其他许多问题上,我们的社会都面临着抉择。最糟糕的态势莫过于假装朝着一个方向努力而实际行动却与之背道而驰。

第二节 就业与失业

今天的年轻人对于未来最大的恐惧不是核战争,那是长辈们关心的事,他们怕的是失业。确实,他们中的大多数人会说,有一天社会将不再需要他们,他们的能力也无用武之地,社会或许会发发善心给他们一些个"小活儿"干干借以糊口,或让他们靠最低收入补助金过活。他们成了多余的人。其实,得到收入的通常途径就是去工作,讨一份薪水。但是生产率提高得太快,以至于生产产品所需要的劳动越来越少。照此循环,活儿少了薪水就少,薪水少了买的商品就少,对商品的需求少了于是生产就减少……

　　这个进程就像是一个生命在衰亡,面对它,经济学家们表现出想像力的贫乏,他们把工作看成一样物品,因为稀有而弥足珍贵。他们号召大家来"分享工作",就像让一群饥饿的人分享食物一样;他们还造出一些灵活的体制来产生新的工作岗位。仿佛工作是一件商品,需要生产和分配! 然而工作并非商品,它是一则咒语,甚至,如果大家相信圣经的话,还是一则神圣的咒语。

　　我们可以从拉丁词语"tripalium"中找到工作的词源,该词意指用来把动物或人绑在上面进行拷打的三脚架。工作是酷刑,然而,每个从事某件产品生产的人都能感受到幸福,并为他人所羡慕、向往着,这是干上"好工作"才有的自豪。

　　工作,究竟是酷刑还是幸福?

　　从一开始就该怀疑这些措辞。"工作"就是这些词语的陷阱之一,总是引起无谓的争论,因为这些争论本身就建立在一个有着双重意义的基础上。看起来把工作融入行动中是个好办法,它让身体疲惫不堪,让精神饱受折磨,同时人们又因别无选择而必须工作。流水线上必须跟上指定速度的工人;超市里,为顾客打印发票的收银员,他们理所当然地可以抱怨他们的工作。但是在大理石的一凿一斧上都倾注了无尽心血的雕塑家,还有为了追求满意的表达,不停地涂涂改改的作家,他们从事的事业却让他们既疲惫又满足。他们的工作和摆弄榔头的工人其性质是不同的。

　　因此,关键要将人们从事的"工作"和"活动"区别开来,看看它究竟是一个为别人服务的职务还是自己执意选择的能带来自我满足感的活动,即便它使人疲惫不堪。根据这个标准,我们就可以认为，至少可以希望，小学老师、护士、记者等，他们从来不是在"工作"，只是时常被自己的活动累坏了。同样道理，只有少数古怪的受虐狂会希望去工作，其他人只想有尽可能多的时间投入到自己选择的活动中去。

对原始人类来说，应该不存在"工作"这个概念。待在拉斯科洞穴①里画山羊而没去狩猎的人，并不比外出迎击猎物的同伴们工作得多。为了"财产"，工作的人应当是愿意去畜牧和耕种的。

耕种农田的人生产的粮食超过了他们自己的需要，余下的粮食被不生产的人消耗掉了，不过，他们用自己的工作证明他们有权享用这份口粮，不管是否属实。于是从新石器时代开始，社会就由三大群体组成：抗击外敌入侵的士兵、反对巫术邪教的神甫以及从事生产和建设的劳动者。

可供分配的财富几乎全部是由劳动者的劳动创造的。这些财富在三类人当中只能被武断地进行分配。这由力量关系所决定，要么取决于军事实力，要么取决于对他人的威慑力。因此，每个人提供的服务都不是虚假的，就算它们出自子乌虚有的理论。A类中的士兵对于 B 类的礼教斗士的保护是必不可少的，反之亦然。今天的武器越积越多，是因为昨天已经积聚了大量的武器，虽然这让各国人民付出了惨重的代价，而它们还在不停地被制造出来。随着核武器的出现，有出现集体自杀的危险。至

---

① 拉斯科洞穴（Grotte de Lascaux）是位于法国多尔多涅省蒙蒂尼亚克镇附近韦泽尔河谷的一座洞穴，其中的史前艺术品是迄今已发现的最杰出的作品之一。1940 年被发现。——译注

于如何逃避神灵的惩戒,只要把这些不为人知也不可能为人所知的力量当成对人类有益的、不会惩罚人类的就行了,这样才能尽量减少神甫的作用。

士兵们曾一度显得无所事事,可惜只在少数地区,时间也很短。时刻准备率领部队冲锋陷阵的军官们再也没有这样的机会了,因为中央政权要的是和平。他们所能做的就是成为无用的人。他们失业了,他们是"多余"的人。可社会没让他们有这种感觉。小地主或亲王们继续从田里的产品中提取属于他们的那一份,不为别的,就因为他们是小地主或亲王。土地和城堡的主人们将产业世代相传,成了贵族。后来人们发现,当贵族算是社会上最早的解决失业的良方,虽然他们当时并不是有意识地去做,也没有觉察出来。

大革命动摇了这个漂亮的社会建筑,特别是 19 世纪工业的发展,引起财富分配的极大变动。农业生产的资本是大自然赐予的,或经过许多世纪慢慢积累起来的土地和用工具和家畜经营的农场。而工业需要迅速得到大量资金,这只能由一个有能力、进行长期投资的组织来提供,那就是银行。银行家在经济游戏中成了举足轻重的人物。

接着我们来看看工资所扮演的角色。农民拥有自己生产的产品,在卖产品的同时,他们也介入了确定商品价值的交易之中。工人生产的产品却不归他们所有,价值产生的过程跟他们毫不相干。他们对财富创造的付出由工资体现,工资的升降只能取决于企业家和雇佣劳动者之间的实力对比,这样的关系显然是不平等的。除非被雇佣者能联合起来,仗着人多要求补偿。可是,这类由工会组织的联合在很长一段时间内都被视作违法行为。

工业在整体经济中所占比重的不断上升，让工资在财富的转移过程中扮演了一个决定性的角色。经济学家花了大量心思研究工资发展会带来何种后果。渐渐地，人们接受了这样一个事实，即要想得到渴望的商品，就必须努力工作赚取相应的工资。为了改善生活条件而进行的斗争已经演变为争取提高过低工资的斗争。最低工资水平是为保证大多数人能过上像样的生活而设立的。这在一个劳动创造财富和工资体现劳动的社会中是完全合理的。

"论功行赏"被具体化为"论劳行赏"，后来又变成"论与薪相称之劳行赏"了。语义的转换改变了"工作"一词的含义，是被迫也好，是上帝的安排也罢，它已经成了尊严的依据，衡量人生价值的标准就是工作能力。无论一个人有多少缺点，如果他工作，那就弥补了一切。

经济学家认为，在生产者和消费者之间的财富转移过程中，工作和工资是不可或缺的环节。

最近几十年来，生产方式的巨大转变令这一观点站不住脚了。不幸的是，这些观点和言论还是一如既往地被打上了以往的烙印，政府的决策是不理会这些变化的，它们依据的标准是一个过了时的世界。

从使用频率很高的"危机"这个词，可以看出政府显然拒绝承认这些变化。从定义看，危机指的是一段艰难的历程，不过是暂时性的，它持续的时间可长可短，总有结束的一天，然后社会又会恢复危机前的繁荣昌盛。政客们要做的就是耐心等候危机过去。咱们共和国的总统就是这么做的。1979 年 7 月,他向法国人民宣布:"放心度假去吧,到年底危机就会结束的。"

另一个常在官方咒语中出现的词是"增长"。足够的增长能创造就业机会,解决失业问题。经济学家已经算过了,在法国,4%的年增长率每年能够减少 2%的失业人口。可是谁也不敢挑明这样的增长速度是绝对达不到的,对争取充分就业的斗争也显然并无裨益。

就算他们的计算准确,让我们通过简单的算术来求出它们的结果。4%的年增长率相当于每 18 年翻一倍,每 36 年翻 3 倍,半个世纪就可以增长到原来的 7 倍(因为,你们可以自己算一算:$1.04^{50} = 7.1$)。这就是说,到 2044 年法国人消耗的地球不可再生资源将是现在的 7 倍。

像这样的食欲解决不了任何就业问题,因为到时候失业人口只不过将减少 64%(的确如此:$0.98^{50} = 0.36$)。从现在的 340 万变成 100 多万。这就是 50 年奋斗出来的好结果!

增长这出闹剧不仅在实践上行不通,就是在研究上也以彻底失败告终。可这并不影响各门各派的政界人士继续苦苦守候下去,期待着"增长重现"。

重要的不是为危机找出路,而是找出这个深刻的转变可能造成的后果,这需要有充分的想像力,在这方面,我们的思想比从事艰苦工作的身体还要力不从心。还记得最早的火车是什么样的吗? 制造者们老是给它们安上老式公共马车的外形。同样,最早的不用马拉的汽车看上去也跟敞篷四轮马车似的,制造者只是用发动机替换了马而没有顾及整体的外观。

如果我们仅仅满足于每星期减少一或两个小时的工作时间,或者增加一个星期的年假,那就犯了同样的错误。4亿或5亿年前,当一些鱼离开那能保护它们的水生环境去探索浮在水面上的陆地时,它们面临的不是危机,而是一个转折。值此世纪之末,人类正经历着同样惊心动魄的转折。

第三节 经济主义与农业

人们时常听说,欧洲的农业产品过剩是如此严重,以至于去贴补农民的损失足够拖垮欧共体的财政。为了尽量减少这项负担,政府同意不耕种土地的种植者可以得到津贴,这是多么荒唐的现象,世界上还有那么多人填不饱肚子呢。我们怎么会陷入如此可耻的境地?

出现这些问题的原因是增产。自从20世纪中叶以来,农产品产量就以至少4倍的速度递增,而战争刚结束时,它们只比一个世纪前勉强多一点。战争结束使得制造炸药的工厂闲置了下来,它们花很少的费用就能够转而生产氮肥。由于氮肥的价格低廉,农民们用得大手大脚的。他们选择那些能在大剂量施肥下生长的农作物品种。这些品种都是在土壤改良站里挑选出来的最能吸收氮肥的,作为依据单一特质被挑选出来的作物,它们具有此类作物的通病——脆弱。为了保护它们免受一切外界环境的侵袭,那就得喷洒大量的除莠剂、杀虫剂、杀真菌剂,甚至限制茎干高度的"缩短剂"以减少倒伏的危险。小麦于是变得和作弊的运动员差不多,他们的成绩归功于兴奋剂。这些药物中有一部分聚积在土壤中,后被雨水带走,它们污染了小溪,小溪又污染了河流。

喷洒这些农药需要一种昂贵的设备,种植者为之借款、负债。只有小块土地的人只好撒手不干,去壮大郊区的无业人员队伍。大土地经营者成为了货真价实的工业企业家,他们与银行过从甚密,成功与否全靠拿不准的运气,就像起伏不定的石油价格。

过去生产小麦的必要条件是土地、阳光、耕畜和人的汗水。现在,土地算不了什么,牲口不见了,人却还是那么累。虽然累法不同,但至少程度和从前一样,其余的部分都靠工业提供。当然,每公顷的产量得到稳步提高,但"产量"的含义已经改变,因为土地在这里的作用减少了。不能拿收成和种植面积作比较了,而应该拿它和在生产它的过程中消耗掉的所有材料对比。这样得出来的结果就大为逊色。我们可以看出生产粮食的成本显然是很高的。这当中还不包括为了生产它而付出的其他代价:它造成的污染正在逐步破坏生态系统,还有人口迁移的费用。本来在乡间有个一砖半瓦的人,现在都迁到了居民区,为此得搭建新的楼房。

为降低成本,种植者一直在寻找更能消耗肥料的品种。产量提高了,并且大大超过有能力消费者的需求。为了找到新的出路,他们拿谷子去喂牲口,这回的回报却出奇地少,牲口将谷子变成了肉,我们吃的是有损健康的肉。

在此过程中,经济机制把生产100公斤小麦需要的劳动时间缩短了100倍,但是我们就真的可以为它高呼胜利了吗?的确,如果把这幅景象展现在 19 世纪的农民面前,他们一定会欣喜若狂,想像着进步带来的数不尽的节日般的幸福日子。机器万岁! 今天,这个梦想变成了现实,可农村里既不见农民也没有什么节日。

只剩下几个闷闷不乐的退休老人,他们不敢去喝井里的水——水里尽是硝酸盐,人们被告知不可饮用。

然而,各个时期的人都朝着好的方向努力:农业学家成功地挑选出新的更优良的杂交品种;化学家用最精细的技术制造出更有效的产品;种植者们勇于接受先进的事物,改造祖传的技术;政府官员认为他们勇气可嘉并向他们提供大量津贴。各人有各人的算盘,结论很明显:为了增加利润,为了保持竞争力,必须这么做。大家都有道理,不过若在各自的领域内硬添上几条严密的逻辑,可能会把全世界引向疯狂的逻辑中去。

是谁错了? 也许我们都错了,错在把几个词当作行动的指针并对它们顶礼膜拜:竞争、赢利、竞争力。其实,这些词只是针对企业内部而言的,一旦被应用到人类的集体行为中,它们的意义就会发生转化甚至消失。有句美国的谚语说得好:"凡是对通用汽车公司有利的就对美国有利。"这话可能是某位企业家编出来的,他打着为大众谋福利的旗号,掩盖他的私心。接受这句话,等于承认有利于经济活动的因素产生的结果是可以累加的。然而,这种可加性根本无法被证明,只在一种特例的情况下才能成立。在经济和在其他领域一样,无论是生物学还是地质学,"2 + 2 = 4",这是肯定的,但是"2 和 2"就可以得出其他的结果,一切都取决于"和"字的性质归属。

第四节　经济主义在日常生活中

人们希望找到一种共有的特性来衡量一切商品,这就是价值。价值由价格表现,价格本身又由另一个单位来衡量,即货币。自打货币出现的那天起,人们梦寐以求的就是怎样获取它;有了它,就能得到想要的一切。"金钱统治"至上。有关钱的重要性已经不是什么新鲜事儿了。世间的悲剧若非被人欺骗了情感或遭人妒忌,就一定跟财富以及财富的分割有关。

要说在这世纪末的社会中还有什么是新鲜的事儿,那就是在证明各种决定的可行性中经济理论的无所不在。不仅要增加存款,还要竞争和竞赛,这里关键性的词汇是"赢利"以及"优胜劣汰"。当"赢家"是众人追逐的目标,仿佛戴上赢家的帽子,就稳赚不赔了。经济学家教我们要采取斗争的姿态,不停地你争我夺,把它当成每个人"为生活而战"的必修课,这样,他们就把今天的人类圈在一个最终将导致所有人走向失败的逻辑之中。

但是,这个普遍的失败为一些局部的、暂时的胜利所掩盖。每一件小事都被渲染成正面的,然而这一系列的小事只会导致灾难性的结局。最能说明这一假象的例子就是为了赢得胜利倾其所有的运动冠军们,他们成功了,得到了荣誉和财富,然而,一旦竞技生涯结束,他们会失望地发现自己竟然一事无成。

每一剂毒品在注入的瞬间都让人舒服、放松、飘飘欲仙,但是,每天需要的剂量都在增加,最后毒害人于无形之中。我们每天都接受一点经济学家的理论,就像吸毒——只会导致这个星球的覆灭。这里有三个例子,广告泛滥、体育成灾,还有博彩业的兴起。

当您于某个春日离开巴黎前往博韦①时,您将穿越"法兰西田园"。那里果园遍布,花香四溢,色彩斑斓。然而,在这片色彩之中您恐怕什么也见不着,路的两边高耸着巨幅广告牌,向您强力推荐 X 牌文胸比 Y 牌文胸戴着舒服;U 牌酸乳酪比 V 牌的可口;更有甚者,干脆打出诸如:"我崇尚家乐福!"之类毫无意义的标语。所有国家级公路的大小城市入口处都惨遭毁容,广告商们似乎在竞相展示自己的愚蠢、厚颜无耻和庸俗品味。这些地方原本用它们独有的风格、方式迎接着四方游客的到来,如今人们怎么能如此无情地破坏这一切呢?

现在,您到卡奥尔②、贝桑松③或苏瓦松④去,满眼尽是这些同样可笑的标语,同样丑陋的画面。在墙上涂鸦的小孩会受到严厉的责罚,而广告商却有特权破坏我们的景致。

假设,也许和事实也相去不远,这些风景杀手并非存心践踏道路两旁的美景。他们只是根据经济理论来决定其所作所为:商家的利润很微薄,为了提高利润,就得卖出更多的商品,因此得动顾客的脑筋,说服他们去购买。可是又不可能靠产品的真实性来打动他们,因为它们根本就靠不住:大家都知道 X 牌产

---

① 博韦(Beauvais),法国北部瓦兹省省会。——译注
② 卡奥尔(Cahors),法国南部南比利牛斯大区洛特省省会。——译注
③ 贝桑松(Besancon),法国东部杜省省会。——译注
④ 苏瓦松(Soissons),法国埃纳省城市。——译注

品的主要成分同 Y 牌是一回事。所以就要另外创造出一种条件反射,趁猎物不备发动袭击。司机只注意路标和其他车辆,乘客们或留意司机的驾驶,或昏昏欲睡。在他们毫无意识的情况下,广告牌上的信息就这么硬生生地闯入眼帘。出于纯粹的反射,他们明天就会去"崇尚"家乐福了。

　　只是这个绝妙的招数还有一处弊病:每个广告商都与其他人对着干,如果 X 牌竖了 100 幅广告牌,Y 牌为了超过它就要竖120 幅,竞争随之逐步升级。结果是大家都看得到的,广告画泛滥成灾,道路遭受到的污染不亚于江河湖泊。

　　路边张贴的海报只是广告泛滥的一个极端表现,它们为达到目的,不惜欺瞒市民。后者无非是些任其摆布的消费者,对广告言听计从,会去相信那些荒唐的宣传。广告的这一用心在一句口号中表露无遗,这口号人们常提,而隐匿其中的无耻却少有人察觉——"提升品牌形象"。他们提高的不是某大公司生产的知名品牌的产品质量,而是购买者的迷茫。老实说,这些顾客可真够蠢的,他们购买某个牌子的香烟不是因为它的质量好,而是因为新近赢得大奖赛冠军的那辆车子上印着这个商标。显然,这项胜利取决于汽车底盘在行驶中的稳定性和发动机的性能,与香烟没什么相干,可它却带动了香烟的销售。这只能说明在广告的煽动和持续轰炸下,全社会的意识都变得薄弱了。

　　广告商对于这样的欺瞒行为固然难脱干系,可能他们本身也是受害者,但奇怪的是,他们对自己的行为不但不加掩饰,反而引以为豪。1994 年夏季,有关广告之功效的宣传将一群明显没有大脑的人摆在了我们面前,他们重复着前几个月在公众中流传最广的广告台词;我只要……我崇尚……就差品牌名称了,大家都会下意识地把它填补完整。在过路人脑海中,省略号自动地、不自觉地被利卡尔①或家乐福所取代。广告商要传达给客户的信息很清楚:"瞧,我们干得多棒。"这句话用到消费者身上就成了:"瞧,我们把你们给耍的。"他们的用心再明白不过了:为了达到目的,广告要先把我们变成白痴。

最糟糕的是,面对铺天盖地的广告谎言,没有一个人起来反抗。我们已经习惯了这样的侵蚀,就像一个对自己的病痛习以为常的病人或不断增加剂量的吸毒者一样。我们全都听从经济理论的安排,将其视为天理:国家的经济状况全都仰仗它了……然而,这理论不对。有一个国家,坚持认为沿路海报是没有用处的,并用实际行动加以证明,这就是瑞士。该国政府严禁道路两旁张贴任何形式的广告。他们的国家因此就减少了竞争力吗?

"运动"(sport)一词,尽管听上去像从英语来的,其实却是来源于一个古老的法语单词,直到 19 世纪中叶都被读作"desport"或"déport"。"Se déporter"过去的意思是娱乐。进行体育运动,就是要调动全身上下从筋骨到肌肉的所有部件,控制自己的身体,然后在两个人或两支队伍之间一决胜负,从中寻得乐趣。

当然,这份乐趣不单由参赛者独享,也要与在一旁观看的人分享;这些人热中于观看比赛,为此不惜自掏腰包。

体育于是成为需要付费的演出,在经济体制中占了一席之

---

① 利卡尔(Ricard),法国著名酒厂名。——译注

地。进入 20 世纪后,人们对政治和宗教的热情减弱,情感上腾出来的空间现在让体育占据了,运动员和运动队的辉煌战果所掀起的热潮空前高涨。如今,观看体育赛事取代了做弥撒或参加工会的集会。

失业,使人们——尤其是年轻人——有了更多的自由时间,确切地说是空白时间,好歹得补上吧,补这空白的就是对本地足球队的迷恋。

当局很高兴地看到老百姓通过看比赛摆脱了毫无希望的生活带来的沮丧和怒火。当失去工作的人们欢呼着"我们赢了"的时候,他们是不会想去闹什么革命的。

这一切更扩大了体育运动在人们日常生活中的影响。正是与此相似的环境造成了罗马帝国末期人们对竞技场的疯狂迷恋。当时有钱的商人斥巨资组建起他们的角斗士队伍,角斗士一度遍布罗马的竞技场,观众看到越多的基督教徒被狮子吞食就越满足。

如今呢,一些有钱人或贪钱的人重金网罗著名的优秀球员,组建足球队。为了吸引观众到体育场观看比赛,他们会先在法庭或报纸上制造俱乐部老板的法律争端。

此举显然和体育扯不上关系。它们就像角斗士的表演一样,为的仅仅是多多益善的利润。同没落中的罗马帝国相比,唯一的进步就是除汽车比赛外,现在的角斗士不用再拿性命冒险,他们恐怕是无耻及愚蠢最好的标本。

就连奥林匹克运动会,这个号称体育界最具公正性的盛会,也难以幸免。皮埃尔·德·顾拜旦的梦想是让来自所有国家的运动员们聚在一起，体验只有竞争才能带来的乐趣。然而今天，推动这项赛事的唯一动力是金钱。1996 年的奥运会将在亚特兰大举行，选择这个可口可乐公司总部所在城市的唯一理由，就是该公司是运动会的主要"sponsor"（赞助者）。这个英语单词在法语中能找到的最相近的同义词就是"proxénète"（拉皮条的）。

再来看看顾拜旦的接班人，这位国际奥委会主席是步佛朗哥后尘而开始其职业生涯的卡塔卢尼亚商人，他一心只想把奥运会办成一个营利性的实体，致使法兰西学院终身秘书在一本写给他的书的前言中写道：皮埃尔·德·顾拜旦的心长眠在了奥林匹亚圣殿之中，您的心是不是准备放到华尔街去呢？除了经济主义，再没有什么能让奥林匹克的理想扭曲至此了。

借体育甚至冒险来掩盖纯粹的经济目的真是伪善到了极点。从巴黎到达喀尔①，若一路悠闲走来，不失为一段愉快的旅程。紧赶慢赶地，除了能够按到达的先后进行可笑的排名，又能怎样呢？自从举办了巴黎至达喀尔的汽车拉力赛，这段行程就变为愚蠢而又危险的游戏，赢的总是最舍得花钱的人，他们那不可一世的傲慢中流露出欧洲阔佬对非洲穷鬼的蔑视。经济主义又一次糟蹋了一切。

长期以来各国都禁止博彩，因为有了它，一些聪明人就能利用大多数头脑简单的人轻而易举地发财了。可是这种活动的诱惑力实在太大，所以国家最终还是解了禁，条件是要让国家获

---

① 达喀尔（Dakar），塞内加尔首都，非洲主要城市之一。——译注

利。二战前,国家彩票允许一部分战争遗孀靠卖彩券维持生计,同时也给彩民送去每周一次的发财梦。

现在,我们早就不充好人也不拿它当副业了。它已经成为一种货真价实的产业,几乎每个星期都要发动一波可观的人潮,即将落入幸运儿囊中的巨额奖金在铺天盖地的广告渲染下更显诱人。不过这些幸运儿并不具有代表性,占大多数的还是穷人。因为最忠实的彩民是那些渴望拥有上等生活的人,他们唯一的指望就是中"头彩",因此虽屡屡失望,依然无怨无悔。

国家从中提取至少 30% 的彩金,而统计学家计算出的中奖率却微乎其微。因此这玩意儿只是一块赋税的遮羞布,抛向缺乏希望的人。社会不该为了一点收获沾沾自喜,并不断翻新花样吸引更多的人参与,而应当从中感受到绝望情绪的惊人的上升态势。

第五节　经济主义与世上的不幸

同所有的完整主义一样,自由主义的完整主义也有极大的传宗布教之热忱。它采用团会的组织形式,宣称这是唯一行之有效的形式,自诩宣扬的是世间唯一的真理,并不遗余力地到处传播,强加于人。

大多数宗教都曾这么干过。几个世纪以来,基督教徒为了散播他们的福音,毫不犹豫地诉诸武力;各各他①的十字架阴魂

———————————

① 　各各他(Golgotha),耶稣受难处。——译注

不散,时常化作悬在异教徒头顶上的一把利剑;而穆斯林们为了传播古兰经,有时也把象征伊斯兰教的新月变为弯形大刀,威胁不忠的教徒。

现在,市场经济的信徒们也在对南半球的人民行善积德,做法是强迫别人接受自己的成功标准。他们模仿过去好心的资产阶级妇女,对穷人乐善好施,只要这些人"值得"他们这么做。

这种做法同二战中产生的两个机构如出一辙,它们是为准备欧洲的重建和简化商业贸易程序而设立的,而全然不顾一些国家遭受的财政困难。这就是世界银行和国际货币基金组织,它们原是要帮助那些遭战争破坏的国家或穷得过不下去的人们解决一些困难的。在二战后的几年当中,它们对全球经济秩序的恢复也确实起到了一定的作用。可是后来还是跟其他组织一样发生了蜕变,目标也改了,改为巩固进而扩张它们的势力。

在联合国,无论国家大小,都有表决权。但是在世界银行和国际货币基金组织情况就不一样了,每个国家拥有的权力是与它的财力成正比的,因此,几乎就是那些最富有的国家,特别是西方七国在那里指手画脚。通过这两个机构,它们实际上享有超常的权力,与其极力鼓吹的民主可谓风马牛不相及。

近几百年来,南半球国家的负债状况已恶化到需要托管的地步。它们非但还不起借贷的和长期以来被贪污掉的款项,就连利息都还不起,不得不请求新的援助。于是,国际货币基金组织就塞给它们一个《结构性调整方案》(简称 P.A.S.),声称是为了让它们的经济状况好转以便还得起债务。为此,它们必须"降低生活排场",即让它们的货币贬值(此举将提高进口商品的价格及减少消费），将国有企业私有化，还要通过缩小公务员编制来削减预算赤字。

为了偿还债务，接受 P.A.S. 的国家被迫生产专供出口的商品而不是本国需要的消费品。还有很多国家也在服用这个指定的药方，它们为了向国际市场推销货物而相互竞争。竞争导致价格下跌，最大的受惠人当然是购买者——大型的跨国公司。据联合国统计，南半球出口商品的物价指数从 1980 年的 100 直落到 1992 年的 48。换句话说，为了偿还同等数额的贷款，这些国家的出口量要增加两倍。想想看，那里的人民将会怎样，他们已经在死亡线上挣扎着了。这份伪善可真绝，自己填饱了肚子，却逼着饿得要死的人减肥，此种疗法只会使穷国陷入更加难以忍受的惨境，而富国还终日以救世主自居。

后者甚至夸夸其谈地吹嘘建立民主政体的必要性。然而，极度的困苦只会将穷人推向反抗，那是他们仅存的希望。受制于 P.A.S. 的许多国家中已经发生了流血、骚乱。当局通常都采取粗暴的手段进行镇压。这么做必然导致国家一步步走向独裁统治，而富国正好假道义之名拒绝提供新的帮助。

当然，这套诡计并非完全出于恶意。当局被告知，应他们的要求，这么做将改善"方案内"国家及全球的经济健康状况。不幸的是，他们只会参照经济学家界定的标准来判断经济是否健康，无外乎价格起落，负债程度以及人均国民生产总值的增长。

经济学家的所有理论里只有一个"钱"字，从来不关心人。

他们的目标是要借自由贸易达到全球经济一体化。凡是阻碍这一进程的事物（关税、进口限额……）都被视为生产发展的绊脚石,因为他们的产品可是对全人类都有用的。经济全球化的好处显而易见,仿佛一种教宗,除了少数空想理论家谁也不敢提出置疑:你们如果想满足地球上所有人的需要,就必须拆除关税壁垒。在 1993 年召开的乌拉圭圆桌会议上,讨论了有关关贸总协定的约定问题,美国就提出了一种经济计量学的模式,这可是功能强大的计算机经过 7.7 万次方程运算得出的结果,它证明若取消关税壁垒,仅此一项就能让全球的产值增加超过 200 亿美元。他们的论据乍一听挺有分量的。可细想之下,无法证明那些不计其数的计算就能代表事实。这种模式如此繁复,让人无从证实它的准确性,而它那被大肆渲染的优点也够让人怀疑的。许多经济学家认为与其说这是个有价值的意向不如说是故弄玄虚。

我们尤其会注意到,尽管 200 亿美元是笔大数目,可是一旦分摊到全世界每个人头上,人均只剩不足 200 法郎,丝毫无济于减轻南半球人民的痛苦。而更有可能发生的情形是,分配根本就不会公平,大部分的增值金都将落入北半球国家囊中。

即便对全世界有一些好的影响,全球化还是会让最经不起打击的国家得不到保护。今天的人类处在一个极度混乱的秩序之中,各国的社会团体、医疗保障系统或环境部门,对劳动者权益的规定,对最贫困者的帮助等都没有统一的标准。

我们当然希望有一天全世界都能一致建立起最最关爱人的制度,到那时期盼已久的全球一体化自可水到渠成。可是尽管用心良苦,实际的情况却本末倒置。不但没有带来有益的合作,反而引发了全面的经济大战,产生了许多不受欢迎的社会体制。

在一个竞争主宰一切,企业家成为最高统治者的时代,所有与生产无直接关联的开消都该减免,紧跟着出现的是社会的倒退。美国参议院正是假竞争力之名反对向投保人提供保证金的立法,有 4 000 万美国公民被剥夺了此项保证金,也正是以竞争力为借口,欧洲的工厂企业将生产"转移"到了泰国或菲律宾,令当地的工人失业,并把亚洲的儿童当苦役使。

这里还有一些在偷偷散发毒性的词。"保护主义"的态度是怯懦的,缺乏胆识和勇气;"自由主义"听起来和"自由"差不多。可是强迫 10 岁的孩子背井离乡到曼谷的破烂车间里上班,赚取少得可怜的工资,这算什么自由? 他赚钱又不是为了到妓院去挥霍。真正的自由离不开对弱小者的保护。在西方,自由主义等同于对大多数人的奴役,无论他们是南半球国家的人民或是北半球国家下等阶层的流放犯。

当前最最紧迫的任务不是像世界银行和国际货币基金组织现在做的那样,将穷人交给富人任意处置,而要不断地维护业已争取到的社会保障或生态环境保障,这往往需要付出艰苦的斗争,然后再把这些保障落实到每一个地球人的身上。

第六节　经济主义与战争

过去,战争是经济学家始终做不了主的领域。从前,人们的目标是不惜一切代价也要赢得战争的胜利。我们还记得 1917

年克列孟梭①政府的纲领："我要战斗，我要战斗，我要战斗。"其余的一切都得服从这个目标。后来法国遭到经济的惩罚。法国和英国虽然最终列席战胜国阵营，但付出的代价何其惨重。它们投入了所有的财富和力量。虽然自豪地经受住了考验，却也元气大伤。

这样的时代是一去不复返了。战争不再是保卫一个民族自由的法宝，它变成一些公司牟取利益的手段。当然，自古以来就总有少数投机商人借他人的牺牲发自己的洋财。但在真伪难辨的年代，他们就像令人生厌的劣质赝品，常遭人检举、揭发。

对于今天的大多数国家来说，包括那些最穷的，一场可能的战争在相当大程度上属于经济行为。在我们法国，国防开支原是长期高于国民教育投入的。冷战结束后才慢慢减了下来，到今年(1994)已经不在国家预算中占首位。不过仍然是主要开支之一。

发达的工业国家为了改进武器装备使出浑身解数，这些武器的威力令所有对科技成就敏感的人仰慕不已：能够自动辨别目标方向的炸弹，在混乱的阵地上快速前进时也能准确射击的坦克，垂直起飞的飞机，在黑暗中还能够识别最微小细节的摄像机。工程师们似乎无所不能。鉴于这一切的初期研究耗资巨大，必须大批量生产才能获得利润。产量大得超过了正常的需求。于是只能把军火出售给有意购买的人。买主当然不会是其

①　克列孟梭(Clemenceau, Georges 1841～1929)，法国政治家、新闻记者、第三共和国总理，被称为"胜利之父"。——译注

他的发达国家,它们自己的军火还愁卖不出去呢。那么只剩下那些穷国了,它们倒是十分乐意用这些先进武器把自己装扮一番,好在阅兵式上给老百姓打打气。难办的是它们买不起如此昂贵的玩具。这好办,有现成的银行给它们提供贷款。只是跨境资金的财务周转太烦琐,他们不得不从中提取几笔款项支付给两边的某些大人物,不必冒太大风险,只要在银行的税务账目上动些手脚即可大功告成。一切都异常顺利,直到有一天先前的银行家要求他们将欠款连同利息一并偿还。

第三世界的债务,其中有不可忽视的一部分(约 20%)用于购买军火上,这钱到头来总要有人出的。他们购买的武器大部分还不曾用于战争,真可谓幸运之至,可随着技术的更新已经过时了。一部分债务有一天会被取消,于是轮到北半球国家的老百姓来付这些费用,余下的欠款呢,由国际货币基金组织逼着南半球的人民节衣缩食地偿还!

发展中国家每年购买的军火价值总额约计 1 300 亿美元,相当于 7 000 亿法郎。显然,让它们放弃这桩油水多多的买卖,武器输出国可不大乐意。每当得到几百辆坦克或几十架飞机的订单,政府都会高唱凯歌,总也忘不了再次强调,这一胜利对于战胜失业意义何其重大,一直为就业状况操心的工会更是乐不可支。当然,在短期内这类生意对该国是有利可图的,然而付出的代价是向全球性自我毁灭的方向又迈进了一步。

如此不惜血本地开发研究,改进技术,拼命生产,成果却可能永无用武之地,到底为了什么?把花在研究人员、工程师和工人身上的钱投入和平物资的生产应该足够让经济更高速地发展,但为何生产战争物资却更能促进经济的增长呢？美国的例子是大家耳熟能详的。1940 年,这个刚刚从 1929 年金融危机的大萧条中抽出身来的国家还在苦苦挣扎。而后呢,先是在一旁为同盟国帮忙,接着直接参加了二战,除动员了 300 万军队外,更提供了 700 万个就业机会。失业再不成问题,经济又恢复繁荣。武器有本事让经济起死回生,和平就办不到了。

这既不是天意也不是什么自然规律,它只不过表明,比起与人类共同的敌人——瘟疫、自然灾害或贫困——作斗争,人类更热中于相互厮杀罢了。

这纯属政治问题,受到质疑的应该是国家的组织问题:究竟是谁拥有至高无上的权力？今天,掌权的不再是人民选举出的领袖,甚至也不是军队的统帅,而是只关心投资回报的企业首脑们。他们指挥起军队来可谓高傲至极:1992 年 12 月 9 日,美军在索马里登陆,选择的时间正是美国电视收视的黄金时段,这样,人们就可以通过电视的现场直播如临其境了。士兵们此行并非真的为了重建这个分裂国家的秩序,乃是为了让电视台的广告收入更加丰厚。将军们其实是听命于钞票的。经济完整主义在这一天,达到了顶峰。

要是广岛的原子弹也能在收视的黄金时段于摄像机前飘然落下,那新闻播报员能捞着多少好处呀！也许下一次吧。

第三章　模糊的概念

　　一切科学都是从一些概念发展起来的,概念的定义就构成了理论的基础。数学理论中的定义是不确定的:它们来自生活实践,却从未奢望要将现实世界与人为的概念对应起来。即使有了新的发现也不会动摇它们原先的定义。所以要反复推敲才能准确地定义一个概念,并且谨慎地措辞,让一个词的意义在任何情况下都站得住脚。

　　物理学则正好相反,它的表述是要描述具体事物或人们观察到的物体之间的相互关系。那么随着每次观察的更加细致,人们能更好地理解这些物体的性质或它们相互作用的结果,词的意义也就随之改变。因此当英国人汤普森①在 1895 年发现电子的时候,这位物理学家就把它看成一个"微粒",一种微小的可以测量出诸如质量、电荷等许多特性的物质,再把这些特性与它的运动结合起来,特别是它围绕原子核所形成的轨迹。著名的玻尔②模型就是依此设计出来的,他把原子比作一个微缩的太

---

　　①　汤普森(Thomson, Silvanus 1851～1916),英国物理学家、科学史专家。

——译注

　　②　玻尔(Bohr, Niels 1885～1962),丹麦物理学家,发明了原子核的液滴模型。——译注

阳系,电子就充当行星。在今天的物理学家眼里,这个演示完全过时了。电子不是一个微粒,也不是一小块物质,而是一种"粒子",其最佳定义就是"大量波的集合",即一切可能存在的、与该电子相关的波相互作用所形成的"波包"。我们只能说我们一直信以为真的形象被彻底推翻了。

同样地,人们第一次在显微镜下观察到的人体精液揭示了这些我们称之为精子的小生命的存在,可是人们把它描绘成"侏儒",意即缩小了的人。暗里的意思是说出生前的人是在父亲的生殖器里预制好了的,只要在母亲那儿养上九个月,等到个头足够大就可以出世了。由此产生了一个隐喻——"爸爸播在妈妈肚子里的小种子"。很显然,这样一种看法会影响我们对男性和女性角色的看法,甚至影响到整个社会的构成。如果每个生命的唯一来源是他的父亲,男人自然就被赋予了一项女人无法具备的重要性:是男人令种群得以世代繁衍,生生不息,他们是"当然"的公民;女人呢,既然只扮演次要的角色,就只能去当女公民了。

生物学家早就该修改他们的定义了:精子不是种子,只是种子的一半,这改变了一切,"小人"的说法就不复存在了。可家长还在给孩子们讲有关"小种子"的故事,他们就是这样无知地向后代传递着违背事实并严重影响人类对自身认识的概念。

经济学家越是想分析人与人之间的关系,就越有必要准确地定义。因为这对他们意味着:了解这些关系是如何自发形成的,要如何改变它们才能为人类造福。这显然比研究物理学或生物学更加困难。研究客体不依人们所认识的自然界规律而存在,它产生于人类的行为。如果概念含糊不清,极有可能造成恶性循环。

我们刚才列举的一系列灾难当然绝非居心不良的经济学家所愿,他们也不曾有意地向决策者们提有害的建议。我们可以设想他们都只想给面临的难题以最好的解答。但是,这些答案可能会给全球造成灾难性的后果。其实,人类社会并非为经济学家的理论所害,而是因为它过于相信自己运筹帷幄的能力了。

这就是完整主义:信仰某一派学说的绝对价值,从而盲目接受它的一切行为准则,这些准则都是些自称是该学说权威的人士提出的。

将经济学家的主张奉为绝对真理就等于从经济这门科学的学科,走向经济主义,那是与宗教的完整主义同样具有毁灭性的。

为避免误入歧途,最好的防备就是尽可能精确地界定用语的含义,这样才能缩小核心概念的范围,也可以避免不少误解和徒劳的争论。让我们先从经济方面的词汇入手吧:财富、价值、交换……

第一节　财产与财富

我们知道经济学家之间最初的争论是有关财富的来源。魁奈认为财富的源泉是土地,亚当·斯密和萨伊则认为是人的劳动。富有,根据字典的解释,就是拥有大量的财产。那么财产又是什么呢？经济学家的回答是:财产是一种有形或无形的、能直接或间接地带来满足的东西。要是这财产多得足够满足世上所有人的需要,或不能用来交换,经济学家才懒得为它费神。是财产的稀有和可交换性才让他们有兴趣有干劲去研究它的价值。

财富可不是光有生产粮食的土地和人类的劳动就会出现的。关键是看人怎么处置得到的产品。半个世纪前,罗曼①的一则寓言将财富定义的随意性演绎得淋漓尽致。那是一出名为《多诺哥－通卡》的戏剧。

剧中的中心人物是一位老地理学家,其毕生的夙愿就是当选法兰西科学院院士。可惜他的对手们想起了他年轻时写的一篇关于多诺哥－通卡市的文章,说它就位于亚马逊丛林的腹地。然而,后来经人查实,该市并不存在,这使他的竞选陷入险境。就在此时,一位探险家提出愿助他一臂之力。于是他在报纸上宣布很快就会有人在流经多诺哥－通卡的河中发现金子。他还写了许多文章描述淘金者们如何翻山越岭、争先恐后地奔向这个黄金国。这下可好,来自四面八方的人们一哄而上,有从马赛,从旧金山,还有从上海来的,全都满怀希望,一心只想发财。有一队人马,找得精疲力尽还是一无所获,终于决定放弃,并在宿营地的入口处不无讽刺地刻上了多诺哥－通卡。接着又有人来,加入前人的队伍,又吸引了后来的人。小小的宿营地变成了一座城。于是,有商人前来做买卖并在此安家落户。为了满足

①　罗曼(Romains, Jules 1885～1972),路易·法古里勒的笔名,法国小说家、剧作家、诗人、"一体主义"诗歌的倡导者。——译注

当地居民的需要,还得有医生、妓女、神父、警察……每个人的存在都是正当的,都因别人的存在而有价值。多诺哥 – 通卡确有其城,因为人们可以证明它的存在。那位老教授也就顺利当选了。

这个故事的寓意就是一个群体的活动是因这群体本身的存在而产生的。每个人都有他的需要,要食物,要照顾,要观赏演出,要衣物服饰,这些需要赋予了食品商、护士、歌唱家、裁缝提供的产品以价值。如果没有需要,这些产品将只是废品。集体的财富是需求者和供应者通过交换产生的。

财富,即他人。或者,更确切地说,是与他人进行交换的可能性。有关财富的思考应该从分析交换过程中产生的内容入手。

这里,单靠经济学家所说的交换是不够的。交换除了是供应者与接纳者之间的相互关系外,也是人类独有的,一种能够让人表现出奇特的自我意识的特质。

第二节　从交换到意识

人类的基本行为就是交换。

自然界出产的只是物品。无论是分子、石头、细菌、银莲花、狼还是人,都是由基本粒子通过相互作用紧密结合而形成的一个整体。在观察者眼里,这个物体被它的外形——或者说边界——限定了,把属于该物体的元素和不属于它的元素区分开来。尽管事实上,最基本的相互作用并不受这条边界的限制,它们能在上面畅行无阻。细胞膜，还有动物的表皮就是一道布满小细孔的屏障，许多转换在那里进行。勾勒一个物体的轮廓于是成了一件轻易的、约定俗成的事，整个宇宙也是这样被一分为二的：属于这个物体的归作一类，不属于它的归作另一类。

同样，如果我们在一张白纸上画一个圆，这张纸就被分成两个区域，圈内和圈外，圆圈本身毫无实际意义。在数学家眼里，它的厚度是"无限小"，它由"无限多"个点构成，每个点的体积为零。出于习惯，我们不假思索地接受了这些说法。事实上，这个趋于无限小的长度还存有许多疑点，数学家在随手一画的时候也该自问：这一笔该算里边还是外边？就是说，上面的无数小点属不属于这一笔呢？无论答案如何，图形都是一致的，而笔画的归属却因这些点的性质而各异。

一切物体必须通过观察者才能获得定义。它们有没有实际价值，本质是什么，这是每个人都想问的问题，可显然不会有客观的答案。只能从被认识的物和认识它的人二者之间的关系作出推论了。

保尔·克洛岱尔①为他的《诗艺》选择的副标题是"共生的约定"②。其实他在讲"知"的同时，说的是"生"。但是，在指称"传种者"与"受种者"时，千万别弄错了。在"知世"的同时，并不是我生于世上，而是我让一个世界诞生在我身上。当我描述一样物

_____

① 克洛岱尔（Claudel，Paul 1868~1955），法国诗人、剧作家、散文家，20世纪上半期法国文学的主将。——译注

② 原文为"traité de la co‑naissance"，"co‑naissance"为作者杜撰，有两种含义，一为"共生"，二为"知"。——译注

体,我就把它抽象化,并造出一个模型。如果我愿意把它按照我所见到的一切中规中矩地描述出来,这模型就可谓是"科学"的。

这样,我就能进一步进行与身边的世界完全相融的描述,条件是只谈论我周围的事物,不包括我在内。问题是我会说"我",如果我声称把自己融入描述之中,我的话语就会变得完全不协调。

然而,一切都表明我是这个宇宙的一分子,我身上的一切莫不与我身外的一切相同。我看得越细,其相似性就越明显:我细胞中的硅原子和一块石头上的硅原子完全一致。这种原子已经存在几千年了,由同样的质子、中子,同样的夸克构成,它还要继续存在几十亿年,不会因为在我身上的短暂停留而有丝毫更改。

该怎么调和这两个事实:我是宇宙间的一员,我能够知道这一点,我有"意识"。世间万物竟自存在着,惟有人能意识自己的存在,于是人给物体赋予了意义。

这转变太重要了,哲学家往往将其交由神学家来处理。既然神学家承认世界是被创造出来的,那么它就是造物主的杰作,至于人这个作品,他们把他一分为二。神学家说,造物主的工作分成两个步骤:第一步先造出一个具体的人形;第二步再额外地赋予他一项能力,一种肉眼看不见的形体以外的特性,它给了他"灵魂"。

这种说法解释了一切,却不能认为是科学的,因为它容不得驳斥。你可以以某种信仰的名义接受或摈弃它,但是无法用建立在现实世界特征基础上的论据加以证实。

或许,有一个显而易见但少有人施行的方法可以一试:行动

的能力或具体的生理构造的反应能力不仅仅是各个组成部分的
能力的总和,各部分之间错综复杂的相互作用往往导致新的、出
人意料的能力产生,整体不仅仅是各部分的综合。这并不是什
么神秘的事儿,凡有最基本化学常识的人都知道。关键是,这些
组成部分不单是并列的关系,还被纳入了一个整体,当中的每个
部分都和其他部分是相辅相成的。

人类在总体上也符合这种情况。在个体之间相互影响的范
围内,人类作为整体表现出个体所不具备的一些特殊力量,它们
出现的原因正是人类本身的整体化。意识的出现显然是一件大
事,产生了引人关注的不同后果,它和脱氧核糖核酸以及两性生
殖都算得上是地球上惊天动地的事情,前者的发现提供了复制
生命的可能,而后者的出现则让人们得以轻而易举地制造出新
的生命。整体化了的人类赋予每个人说"我"的能力。

对每个人来说,这种整体化的关键就是与他人交流的可能
性,也就是说构织一张非物质的交换网的可能性。任何动物都
能进行这样的交流,而交流的内容主要是信息。一只蜜蜂通过
细腻的舞蹈动作告知伙伴们花的所在,好让它们前往采蜜时能
够满载而归。灵长类动物通过叫声或动作向同类们传递自己的
要求或愿望。人类交流的内容远比它们丰富和细致。他们传递
的不仅有信息,还有情感、焦虑和想法。一个人的内心想法与别
人的内心想法是密切相关的。每个人的成长都不仅靠了遗传基
因的程序,而且也受交谈、书面的或是肢体的语言和周遭人们的
影响。我们听到的"你"字写出来都是"我"。

把交换的能力看做人类的特征并不为过。正是交换让人类

获得团结,让集体中的每一个成员找到自我。为他人而存在着,却以为自己而存在告终,也就是说,以表现出"意识"告终。

动物与人之间的决定性差别就是这个不同寻常的需要:交换。动物需要一切能维系新陈代谢的物质。它们个体的存活依赖于食物、水、卡路里的供应;种群的存活依赖于繁殖的能力。作为动物,它们的活动都只为了这两个迫切的需要:生存和繁衍。

人比它们还多了一个交换的需要,不但为了团结起来反抗时间给他们带来的衰老,也为了能从时间带来的机遇中受惠。他们做的一切都是为了这两个目标。

请注意:需要的是交换这一行为,而不是交换的内容。

第三节　从交换到价值

婴儿刚出生时,交换全由母亲带给他。他就这么继续依赖着母亲,像在过去的 9 个月中一样。然后,在母亲的笑容里,他有了自己的动作和微笑。他的生命就这样开始了,慢慢地,他的眼界开阔了,话语丰富了,别人对他的爱抚也多了起来。孩子身边的人们让他意识到,他在他们心中是有些分量的。

随着年龄的增长,交换也越来越具体,要求能够交换物品,可是先得以某种方式拥有物品才能跟别人交换,这就得把物品视为自己的延伸,才可以去占有和给予。关键不在于成为某件物品的主人,而在于是否能够置身物外,才能参与交换,也才能实现自我价值。

　　时刻为我们的财产紧张着,警惕着别人的觊觎,而如果拥有它们的前提是必须交出我们所拥有的一切,岂不显得荒谬? 然而,综观人类历史长河,我们对于财物战战兢兢的担忧是近来才有的。在历史上的大部分时间里,人类以狩猎和采摘果实为生,不停地迁移住址。这样的流浪生活要求的是轻便、敏捷。拥有,意味着沉重,那就无法自由自在地前往猎物和果实丰茂的地方。日复一日,看着自然界给予的一切,人们从未想过要拥有它们。因为在人类诞生之初,数量十分稀少,自然会把地球看做是无限大的,何必占着一些东西不让别人分享呢?

　　后来,人的定居、种植、畜牧改变了这一切。人们把他们耕作、播种的土地将带来的收获提前据为己有。收获的粮食是要放在自己的谷仓里的,所以属于自己。占有的前提条件不再是交换的需要,而是使用、消费的需要。

　　一旦人们接受了"所有权"这一概念,"交换"的物品就有了另一种含义。如果两个人各自拥有对方所需要的东西,他们自然会觉得交换一下比较好,在这种情况下,交换的好处不在于交换的行为而在于它的内容。这内容是双重的:A 向 B 提供的物品和 B 向 A 提供的物品。是否交换取决于双方的意愿,因此,交换是一笔交易的产物,双方都守护着自己的利益,把对方看做不值得信任的、要用某种方式与其决一胜负的人。

　　最初还被当作件好事的交换后来成了件冒险的活儿,需要调动我们浑身的斗争细胞。对方也不再是合作伙伴了,他是对手。

与所有的斗争相同,规则都是必须遵守的,交换双方的行为无不暗中遵循着有待确定和阐释的"法则"。交换就像被磁场的电力吸附的粒子或受环境限制的动物一样,成了科学研究的对象。这正是经济学家们插手的地方。

在他们看来,唯有交换物品的数量最贴切地代表了交换的特性。他们假设双方当事人都是自主作出决定的,由此得出结论,一方收到的十个苹果与另一方收到的三只鸡,对双方而言具有相等的"价值",甚至双方都认为自己在两样物品的差价上占了便宜,因为他们对各自的物品估价不同。

由此导出了一切经济理论赖以存在的一个关键性的概念:价值。有了它,所有物品的种种特性都被简化成了几个单一的数字,这样就能用可测量的参数将交换模式化。一切都将由方程式说了算。数学家们可是如鱼得水,忙着论证定理,揭示交换的"法则",为政府机构提供演算的结果。

有何不可呢?只是别忘了这一切都建立在假设之上,而这些假设又都狭隘得可怕。

推行"价值"概念的经济学家的做法同推行"智商"概念的心理学家极为相似。智商研究的是智力,就是将一个人的智力与另一个人作比较。他们随即认识到两个人的智力是不可比的,要参考的因素太多了(有想像力、理解力、记忆力、联想力等等),根本无法找到二者之间的"相等"符号。于是心理学家犯了一个逻辑上的错误,认为"相等"的反面是"更小"或"更大",而实际上,"相等"的反面是"不等"。他们提的问题是:哪一个人的智力比较高?这是一个毫无意义的问题,要回答它,只能作一个荒谬的假设,即智力是可以用数字衡量的。这好办,心理学家们发明了一系列程序,通过观察,或称测试,得出一个数据,这就是智商。只要以专业的态度运行这些程序并按表格的要求进行计算,就可以得出 A 比 B"更聪明"的结论了。看来只要计算出准确的结果就错不了了。几个方程式的演算说服了读者,这一切都是"科学的"。

英国心理学家伯特的例子就很好地说明了这种欺骗态度是多么行之有效。他因发明了一套智力的可遗传性理论而一举成名,这套理论是建立在 52 对被分别抚养的单卵孪生儿的研究数据基础上的。而这些孪生儿根本不存在,列出的数据也完全是臆造的,它们被创造出来只是为了证明"先天"主导"后天"这一论点。伯特的大多数文章开头总有冗长的希腊文引语以及几则方程式,他还偏爱带有偏导数或积分的方程式。这让他的文章仿佛戴上了科学的光环。几十年里,他的同事目睹他炮制的理论,却不置一词。直到 1970 年他死后,人们才指出其中明显的缺乏条理之处,揭穿了骗局。①

IQ 迷惑人的地方就在于让人以为 I 是"智力"(intelligence)。其实呢,这组数字也许真测出了些东西,可谁也不知道那是什么,也看不出它和"智力"这个词引起的联想有何关联。除非我们接纳该测验(不是 IQ)的创始人贝奈②的观点。他不无幽默地

----

① 据《大不列颠百科全书》记载,伯特(Burt, Sir Cyril),英国心理学家,以提出心理测验中的因素分析以及研究遗传对智力和行为的影响而著名,生卒年为 1883 ~ 1971,此处疑为作者误。——译注

② 贝奈(Binet, Alfred 1857 ~ 1911),法国心理学家。——译注

说："智力就是测验测出来的东西。"这表明有关这一切的理论都建筑在对词义的曲解之上。

在将每件物品转换成一组数字,也就是它的"价值"的时候,经济学家进行了加倍小心的尝试。对于交换,这样一个牵扯到两个人和两样物品的活动,他们只研究物品,全然不考虑交换者的利益。对于交换了的物品,他们只愿意考虑它们的数量,从中推算出它们的特性——价值,它被定义为一组数字,解释了为什么交换能够被广泛接受。

这种尺度化兴许对造出千篇一律的模型会有些帮助,而它也是建立在欺骗之上的。

人与人之间的关系网交织得越是紧密,欺骗造成的后果就越严重。

第四节　从价值到价格

经济学家的所有推理都建立在一个假设之上,假设每一物品对拥有它或想拥有它的人都有价值,可是,这价值代表了什么,它又是如何被确定的呢?

早期的理论家,像 18 世纪末的亚当·斯密,他认为物品的价值主要取决于它的生产成本;如果生产物品 X 的时间是生产物品 Y 的两倍,它的价值就是 Y 的两倍,它的价格也应该是 Y 的两倍。

这种说法从一开始就揭示了价值意义的转移。我们谈的是价值,但马上会扯上价格。价格,凡生活在使用货币的社会中的人都认识它。物品的价格是为了得到它所必须付出的货币单位的数额。靠了它我们才进入了自幼便习以为常的数字世界。一切都是为了尽善尽美。一说到价值,人的理智就不怎么管用了。

诺贝尔经济奖得主莫里斯·阿莱①认为:"价值之于价格正如热度之于温度。"换句话说,价格是价值诸多表现形式的一种,人们在推理中只采用了这种最容易测量的表现形式,于是难免将价值单一化、单调化。

一件物质的或非物质的物品本身并没有价值,它的作用只在于满足至少一个人的需要,正是人们的这种观念给了价值产生的可能。热情洋溢的微笑,阳光灿烂的日子,纯净清新的空气,给人带来的满足无论如何不亚于一枚金币。可是经济学家不晓得如何估量它,这种价值进不了他们的理论。于是他们保留了"价值"这个词,而把研究范围缩小到一些拥有其他品质、能产生另一种价值的物品上,这后一种价值人们把它称为"市场价值"。

从一开始,研究范围就被锁定在那些既令人垂涎又不可多得的物品上。如果人们可以毫不费力地得到自己想要的那件物品,经济学家便会认为该物品是没有价值的。比如纯净的空气,这是经常被拿来做典型的例子。尽管这个典型对于一些大城市的居民而言已不复存在,例如墨西哥城,严重的大气污染令几近窒息的市民甚至提议花钱购买新鲜的空气。

然而,光是珍稀、罕见,令人向往还不够,这个物品还必须是

---

① 莫里斯·阿莱(Allais,Maurice 1911~   ),法国工程师、经济学家。——译注

可交换的,可以由某人带了来交由另一人收取的。阳光灿烂的日子就不符合这条件。虽然它们既能给人满足也不可多得,但至少在我们国家,还是没有"价值"的。

这还不算,该物品还必须是专有的。比如我们可以交换微笑,但它并不因此就有价值,因为它既不属于发出微笑的人,亦不属于接受微笑的人。

到头来,经济学家们研究的就只剩下这样一些物品了:至少令一个人感到满足、稀有、可交换,而且能被占为己有。

这么做,极大地限制了他们的思考范畴,他们完全忽略了人类活动这一领域,人类从中得到的幸福甚于快乐。

不必因此而批评他们。缩小研究范围是一切科学的必由之路:最初,他们综观现象的整体,入门之后,就不得不把精力集中到整体中的某些局部上去了。这么做是进一步研究的前提。例如,研究人员从探究电流与磁性的特性着手,排除了与电荷无关的干扰因素,这才得以阐明库仑[①]的定理,明确了负荷之间的相互作用。

确实所有的研究者都有必要缩小观察的范围,且要明确地加以说明,尤其要注意措辞,以免造成误解,误以为他进行的是大范围的研究。如果经济学家能避开"价值",这个包含着太沉重内涵的词,那倒可以省去许多麻烦。

看起来,经济学的核心问题与许多学科相似:首先确定一个

---

① 库仑(Coulomb, Charles – Augustin de 1736 ~ 1806),法国物理学家,以制定库仑定律而闻名。——译注

量的性质,此处这个量就是价值,然后定它的尺度,也就是价格,最后解释这个尺度的变化。然而,它和物理学上的问题完全是两码事。物理学中,一旦确定了尺度的单位,物体的长度或重量就都由物体本身决定。而价格却并非如此。它只能通过一个不断调整的过程来实现,正是这个过程使价格得以自由波动。这就是"市场"玩的把戏,这里汇聚着拥有货品并准备出让的人,以及想要这货品并准备通过抛售其他货品来获取它的人。

市场上的货物琳琅满目。每一件的价格都取决于其他货品的交易。严格地说,物品的价格以及价格的逐日演变除了被记入价格牌以外别无意义。"价格同重量、体积和密度不同,它不是物体固有的量。而是外界赋予它的、由经济的内在及技术上的因素决定的一种特性。"莫里斯·阿莱的表述阐明了定义价格的理论中含有的人为因素及局限性。这些理论对于了解社会中现行的经济体制还是很有帮助的。

假定其他一切物品的价格都固定不变,我们来看看物品 A 的价格是如何设定的。这种做法就像一位画不出曲线的几何学家,只能取某一点上的切线作替代。他已经有了进步,可是别忘了,他只是朝着预期的目标迈出了微不足道的一步而已。

第五节　价格的确定

早期的经济学家认为一件商品的价格反映的是它的生产成本。不过很快这种观点就显得天真了,因为它无法解释一些不正常的现象,例如销毁一部分收成的粮食来抬高全球粮食价格。然而,在渴望粮食的人眼中或许这可耻的现象随处可见。先例是早就有的了,从巽他群岛往欧洲运香料的公司经常销毁一些货物以获取更多的利润:与其以 400 法郎的价格卖出 200 公斤香料倒不如按每公斤 1 000 法郎卖出 100 公斤。当然,商品要稀有才能卖出好价钱,而这稀有是用销毁半数存货换来的。今天的咖啡制造商无不深谙此道:他们宁愿把咖啡倒进火车头当燃料也不让市价滑坡。

　　因此,生产成本只不过是价格的一个零配件,仅对调节长远的平衡起点作用。而在短期内,一切都得看供需的关系如何。这层关系正是经济学家们要着力分析的。重温他们走过的道路或许对我们的理解有些帮助。

　　需求在价格的规定中扮演的重要角色在 19 世纪末得到了像瓦尔拉①这样的经济学家的重视。

　　关键的概念是"效用",更确切地说,是"边际效用"。每位消费者赋予了每件商品效用,它是用数字来表示的,消费者对商品的渴望越强烈,代表效用的数值就越大,不论他要的是一本艺术书籍还是一块面包。然而,这渴望本身也是随着数量而改变的:当面包箱里空空如也时,人一定强烈地想得到一块面包,而已经有了好几块的人对它的渴望就小得多了。边际效用是由顾客为了得到一件特殊的商品所打算支付的金额来衡量的。假设摆在

————————

①　瓦尔拉(Walras,Léon 1834 ~ 1910),法国经济学家。——译注

他面前的有好几件商品,并且他的行为完全合乎理性,我们会发现他购买的商品的边际效用——随购买数量而波动——和各种商品的价格是成比例的。

将这些针对单一个体的概念进一步推衍,就解释了在一个既定的价格系统中,需求是如何在市场上稳定下来的。为此,人们采用了一些表述,它们被当成事实或来源于事实的定理。表述如下:"一件商品价格的上升导致对它的需求减少。"乍一看,这道理尽人皆知,然而,实际情况往往正相反。

人造奶油和黄油就是一个简单的反例。这两样产品作用相同,都是提供家庭必需的食用油脂,但前者比后者便宜得多。设想有一家人,在他们的预算中有一笔开支是用于购买这些食用油脂的。如果 P_1 和 P_2 代表价格,Q_1 和 Q_2 代表数量,这笔开支就是:$S = P_1Q_1 + P_2Q_2$。在总重量 $Q_1 + Q_2$ 和总开支 S 不变的情况下,较低的价格 P_1 如果上涨了,就会增加消费的人造奶油的数量。假设一家人要消费 5 公斤的食用油脂:每公斤 40 法郎的黄油 3 公斤,20 法郎的人造奶油 2 公斤,那么他们的开销为 160 法郎。如果人造奶油的价格涨到 30 法郎,而这家人又不愿更改预算,那么他们就要购买 4 公斤的人造奶油而只买 1 公斤黄油。这时价格的上涨反倒增加了需求。

这个反例还不算什么,同样的事发生在公共交通上对人们的影响可就大得多了。在像巴黎这样的都市里,有汽车的人出行可以选择开车也可以乘坐地铁。后者较前者价格低廉许多。为了将总体开支维持在一定预算之内,每个人都会在这两种交通方式间分配自己的行程。若地铁票价上涨,留给汽车的份额就要减少,这往往令人们只得选用公共交通工具出门。

第二种影响市场的机制是随着价格起落而波动的供应。它的基本表述看上去挺有道理:"价格上涨造成供应的增加。"其实这里头暗藏着与事实不尽相符的假设。

生产商品的厂家当然全都力争获取最大的利润,因此当市场价格高于他们的生产成本时,他们也乐于卖出尽可能多的产品。不过在这儿要引进两种不同概念的成本:平均成本和边际成本。

平均成本是将厂家生产某商品的全部费用除以商品的数量得出来的,边际成本则指的是增加一单位产量时所需增加的成本费用。只要这批额外产品的生产无须投入新的资金,边际成本就总是低于或等于平均成本。

如果产品的市场价格比边际成本高,厂家自然愿意更多地生产和销售这种产品。商品价格一高,刺激了原先边际成本高于市场价格的新厂商跻身市场,如此一来便增加了供应。

不过,这套机制也并非放之四海而皆准的。它对劳动力市场提供的"产品"就没辙了。每当劳动力的价格,即每小时的工资有了提高,工人们就满足于维持收入的总额,他们只想减轻疲劳和多享有一些闲暇时间,于是他们就减少了付出的劳动。同样,一家想降低产品价格的企业不必减少产量,正相反,它通过增加产量来维持它的收入水平,也无须追加费用。

到目前为止,伴随着对价格的研究,我们已经探讨了经济中各要素的活动，即想买的人（需求）和想卖的人（供应）的活动，似乎价格是游离于这两者之外存在的某个数据。而事实上，价格并非单纯的数据，它是这两个因素相互作用的综合结果。对这二者而言，是价格制约着他们的行为，可是在一定的市场条件下，是他们的行为制约着价格。因果恰好倒置了。需求的变化与价格成正比，而供应的变化与价格成反比。

最终，这些相互作用达成了一个短暂而相当不稳定的平衡，因为有一个外部环境在支配着，他们中一方或另一方的行为会受到它的影响。不过，从长远来看，还是能够保持稳定的，供需持续平衡，企业里产品的平均成本和边际成本也因为平衡价格而趋一致。

事实上，在一个出售者和购买者的信息都很灵通的市场上，如果有消息说"有人卖的价钱比前面的人低"，就会引来新的顾客，甚至老顾客也想再买。同样地，"还有顾客想买"的信息也会刺激销售方抬高价格。大家的反应最终令供求趋于平衡，价格趋于合理。

平均成本低于市场价的厂家就想扩大生产。如果它们的投资未被充分使用，那么多生产的部分就是由通常十分低的边际成本负担的，这就降低了他们的平均成本，使他们能够以较低的价格出售它们。相反，如果生产资料的运转达到饱和，他们就得投入新的资金，这会暂时提高平均成本。生产者之间的竞争淘汰了成本过高的厂家，剩下的是那些能够以最低成本进行生产的厂家。这些利己主义者的你争我夺发展到极端就会出现平衡的局面。

这种平衡状态被称为"供求定律"。用"定律"一词，似乎将经济现象与物理现象混为一谈了，后者也遵循着一定的定律，比如吸引人身体的万有引力定律。一些经济学家甚至从中发现了一种特殊现象，人们对它的认识主要来自化学家勒夏忒列①的"适度定律"：对一个平衡体系作任何的改动都将导致与初衷相违的后果。换言之，大自然生就完美，它蕴涵着能自动调节的体系使之保持平衡。我们身处的有形世界便是如此，由人类行为所产生的经济现象亦是如此。

这样的断言事实上更像是咒语而不是科学推理。它忽略了作用于我们的机制和依赖于我们的机制之间的根本区别，也没有对商品、供应及需求概念的任意性作同等的考量。为了把这任意性解释清楚，让我们再回到前面提过的公共交通的例子。

巴黎的地铁告诉我们想明确"服务"——这一市场"商品"——的性质有多难。一个巴黎人乘坐地铁可以在城市里自由来去，因此这项服务理所当然地被认为是有价值的，且应该由乘客花钱购买。但是地铁在地下吸纳着数十万巴黎市民的同时，也让街道得以摆脱滚滚人流，正是这些人令城市交通雪上加霜。只要在闹罢工的日子里看看交通状况，就不难明白驾驶汽车的人才是公共交通最大的受益者。

换句话说，地铁为乘坐它的和不乘坐它的人提供了至少等量的服务。它的乘客也是一样。他们愿意走入地下，进入浑浊

---

① 勒夏忒列（Le Chatelier, Henry – Louis 1850～1936），法国化学家，以勒夏忒列原理而著名。——译注

不堪的空气,这么做对那些因此而能够待在新鲜自由的空气里、穿梭于不那么拥挤的街道上的人是有好处的。从严格的逻辑上讲,前者的行为的确值得酬报。于是他们极力要求地铁降价。要付钱给没得到好处的人,从技术上来看,这样做确实有难度,但至少可以让他们免费乘坐地铁吧。

现在施行的票价已经远远不足以填补营运成本了,差额是由地方政府或国家掏钱补上的,实际上还是由纳税人出钱支付的公共交通费用。那么让真正的受益者,驾驶汽车的人付这笔钱会更合理些。这项收费的优势就是不存在技术上的问题,只需提高低得吓人的燃料价格就够了。我们将在稍后继续探讨这个问题。

最后,有关巴黎独立运输公司的服务有何"价值"的问题,人们显然无法作答。

这个例子只是价值任意性的一个特例。传统的理论告诉我们,价值随时随地在供应者和需求者之间产生,但该理论假设交换只和这两类人有关。其实,交换也常常影响着许多其他的人。巴黎市民愿不愿按巴黎独立运输公司定的价格坐地铁,开汽车的人也负有责任;虽然对他的影响最大,他却一语不发。在今天这个利益纵横交错的世界上,这种狭隘的观点显得彻底不切实际了,还有可能危及所有人的利益。

第四章 从经济到政治

　　经济学家的目标不仅仅是了解人与人的交换如何确定不同商品的价值,更要从中找出规律,以便以最佳的方式组织交换,甚至组织集体生活中的种种关系。经济由此真正变成"政治的"了。经济学家凭借其学术成果,俨然已成为决策者的顾问;人们把他们看做"专家",向他们请教该如何解决这样或那样的困难,就像在决定铺路搭桥前要征求工程师的意见一样。

　　可惜这样的比喻是大错特错了。工程师操作的数据是通过对自然界的观察得到的;它们描绘的现实独立于观察者的主观认识之外。"自然规律"适用于任何事物。研究的客体—客观世界,与认识的主体—观察者,是不同的个体。当然,曾经有人试图将科学纳入意识形态:50年代,可怜的著名生物学家李桑科①为发展遗传学打算将其一分为二:一类是建立在基因遗传基础上的孟德尔②式资产阶级遗传学,另一类是建立在后天品性基础之上的马克思主义无产阶级遗传学。这套有关"两种科学"的

---

　　① 李桑科(Lysenko, Trofim Denisovich 1898～1976),苏联生物学家、农学家,20世纪30～60年代生物学界的独裁者。——译注

　　② 孟德尔(Mendel, Gregor Johann 1822～1884),奥地利遗传学家,孟德尔学派的创始人。——译注

另类理论使法国知识分子大大地疏远了法国共产党,因为法共一度认为有必要在这个问题上向苏联看齐。然而,自然科学是唯一的。

相反,经济学家研究的是人类社会,他自己显然也是其中的一分子。因此客体与主体间的区别就不是那么分明了。他的研究对象的性质难以确定,它们之间的相互关系在不同社会总有极大的差异。在着手研究之前,他不惜皈依某教派,研究它的教义,参与集体的宗教活动。然而他毕竟不是突然降临地球的外来者,所以只能在一幅附着现成观点的背景上展开思考。

分析的经济行为越复杂,就越难保证研究的客观性:这些行为牵涉到一些不容忽视的个体,还涉及一个人人相互依存的集体。由于研究者们不是强调前者就是强调后者,因此发展起来的理论可以说是"自由主义"的或"集体主义"的。不幸的是,这些词已不觉成了反对自己的武器,有时更是侮辱。它们划分出两个对立的阵营。为了有进一步的发展,就必须考虑到研究对象性质的双重性,并采取分子物理学家的方式,把分子既看成波又看成粒子。

任何经济理论都必须是"自由的",因为它非得考虑到经济活动的基本因子,也就是个体具有的能动性。就算在极度的专政统治下,它也不会消亡殆尽,除非把老百姓都变成没有大脑的机器。尽管受到重重束缚,尽管受制于那些想使人们幸福却又违背了人民意愿的人,能动的自由还是足以让这台机器活动起来。在开创者的身上尤其能见到这种自由,没有他们就不会有创新。

任何经济理论又都必须是"集体主义"的,因为它也得考虑到经济活动中各因素整体间的相互作用,包括生产方、消费方、投资方。只有考虑了这些因素,个人的自由才有了真正的意义。因为自由不是任意的。拥有自由,并不意味着可以为所欲为,一个人在孤岛上享受的自由就很空洞。自由,就是接受公众制定的规则,为了追求更高的目标,人人都要遵守:言论自由就是要服从限制言论的规定。同样,建筑师正是接受了地心引力和材料不稳定性的制约才有了建造大教堂圣殿或者圣索菲亚教堂穹顶的自由。

我们并不是要经济学家在自由主义与集体主义之间作出抉择,只是希望他们在考虑问题的时候能把事物一分为二地看待,不要受潮流或口号的影响,这些东西经过反复传唱,俨然已成真理。物理学界在一个世纪的时间里都是分成两派的:一派认为光是由粒子构成,另一派则认为是由波构成的。现在他们已经达成了共识:光既是波也是粒子,它在不同的环境下,或表现为波,或表现为粒子。

经济学家也该具体情况具体分析,看看是个人力量还是集体力量在起主导作用。正是一些人的创举才有了 19 世纪的巨变,这些人能够缔造工业或商业帝国。洛克菲勒家族、卡内基[①]家族不仅标志着一个时代,更创造了企业家的神话,虽然他们是为自己谋求财富,人们还是愿意信任他们,因为"凡是有利于通用汽车公司的就有利于美国"。

---

① 卡内基(Carnegie, Andrew 1835 ~ 1919),美国钢铁企业家。——译注

因此,大众自然很容易地被全球市场上洞察先机的商业巨头们牵着鼻子走。而达尔文倡导的以全新角度审视整个生物世界包括人类的观点,带来了观念的重大突破,也让人们对商业巨头更加深信不疑。在人们的传统观念中,物种是上帝一样一样造出来的,世代繁衍,生生不息,且代代相仿;随后取而代之的是进化的观点,即所有的生物都由一株系谱树衍生而来,树上枝丫无数,却有着相同的根。人类在历史中的进步类似物种在进化过程中的演变,因此,应当仿照我们所认识的自然界来组织人类社会,这才有了真正的达尔文式经济主义。

第一节　达尔文式经济主义

达尔文的目的是要解释物种的进化,他所做的工作令人不得不相信他的观察结果。自地球上有生命以来,是什么在促进它们的演变呢?要回答这个问题,他面临两道障碍。首先他还不知道有遗传机制这回事,与他同时代的孟德尔虽然揭示了这一机制,却在35年后才为科学界所知,但他也还不认识遗传的载体,那是一个世纪以后的事了。因此,他只能认为是"遗传规律"造成了传种者与其后代的相似。

他的推理是基于这样一个事实,即同一物种通过有性生殖产出的生命在刚出生时存在着极大的差异。

运气好的,生下来就有较好的素质,能够适应周围的环境。它们能够抵御大自然或捕食性动物的侵扰,活到能生育的年龄,于是就把它们的素质传给了下一代。相反，那些不幸天生羸弱的还来不及有后代就被淘汰了。物种就在这样的自然选择中逐渐成长，只有优良的素质被保留了下来。

物种在发展中也在不断地自我完善。为了让其个体能够越来越好地适应环境，大自然必然要淘汰弱者。这是让整个物种能适应环境必须付出的代价，唯有适者才能生存。

这套推理原本是一位生物学家为了解释他观察到的大自然中的现象而得出的，但它很快就被运用到人类社会中，指导人们的行为。人类社会要发展，所以必须毫不留情地淘汰有损集体"适应性"的个人。凡是反对这种淘汰的行为都该被制止，比如试图维护穷人而进行的立法。恻隐之心是有违自然"规律"的。

这种力量宿命论的观点深深地渗入我们的社会，人们为科技的成功倍感自豪，并且要求采用经济标尺区分成功者与失败者。这一观点的极端范例出现在 1987 年，那是一份由一个政党——保卫共和联盟办的地区性报纸（我们注意到该联盟的领导人指责了撰文者）。该文提出的理论是典型的达尔文式经济主义：没钱的人是不成功的；他们没能成功是因为不具备取得成功的素质；但愿他们不要把这些不良品质遗传给后代；阻止他们生育不失为一个良策。因此必须减少穷人的家庭补助金，转而资助富人，他们生的孩子还不够多。

尽管这番话极具讽刺意味，可我们不该忘记它在同胞们脑海中留下的印记。这些理论被应用到经济领域后，竞争便成了正当的手段，也是唯一能使"社会利润最大化"的行为。

人们一直在寻找最理想的社会模式，直到 19 世纪末才由帕累托①作出了缜密的表述，之后的许多经济学家都将其作为研究的中心课题。它通常是以定理的形式出现，也就是说要想得出结论必须从假设出发，这就是社会利润定理。该定理的中心思想是：在特定的技术、人口和心理条件下，如果价格体系由企业间完善的竞争机制及消费个体的自由选择所决定，就能实现社会利润的最大化。

社会利润最大化涉及社会中各个群体的利益，例如为了增加某个经济要素的利益，无论他是生产者还是消费者，都势必要减少另一方的利益。

完善的竞争机制则意味着对消费者和生产者的交换进行组织，以及有关供需状况的严密周详的信息。

无论表述形式如何，这则定理就是经济学家向人们传递的中心思想。所谓的自由社会结构是唯一令人满意的管理形式，人们将此视为"科学的"的论述。任何集体的或国家的行为都意味着对这种组织形式的偏离，因此都该被禁止。我们可以想像某些政派的拥护者们会从中得到怎样的启发。

其实，它只是一种模式，我们也已经见识过它的一些假设可以离现实多远。和所有的模式一样，它并没有真正开出生产和交换需要的条件，而仅仅给当前社会的建设提供了一种参考。这有点像用"理想"气体来指导真实气体的研究。不过，这个抽象的参考系数常被人遗忘。

经济完整主义在我们西方社会主要表现为人们对"社会利

① 帕累托（Pareto, Viffredo 1848～1923），意大利经济学家、社会学家。——译注

润最大化定理"的绝对正确性的深信不疑。而推行完整主义的人,尽管只占全人类的一小部分,却自有法子传经布道。他们有这个能耐,何况,还控制着大多数的信息传播渠道。所以,能让旁人把随意假设得出的结果当作客观事实。

就算不从道德上评判这些理论,我们也能注意到它们甚至与当代的进化论都不相符。历经一个世纪的风雨,达尔文提出的模式已经面目全非。新的发现取代了"物竞天择"的观点,它通过复杂的过程,找到了个体表现出的特征与他身上的基因之间的联系。提出最佳模式的定理是建立在违背事实的假设之上的,它将事实过分简化了。生物学家们并没有否定达尔文,他们只是提供了更多的途径来解释生物进化。自然选择只不过是其中的一种过程。

早期的理论家认为一物种内部不同个体的竞争,或同一群落生境内不同物种的竞争在进化过程中起着至关重要的作用,而事实却与他们的观点相去甚远。物种的诸多特性之间存在着十分微妙而复杂的相互作用,不是一句简单的优胜劣汰能解释清楚的。因为一个人胜利了就说他是最优秀的,这种逻辑最终只能沦为空泛的同义重复。

竞争当然是存在的,要找出与合作、分享、共栖、互助甚至利他主义的相反的例子也很容易。

新的观察或实验为这一切创造了可能性,这是一切科学的常用手法。借助一些特别适于实验的物种,例如果蝇,许多设想得以在特定的条件下变成现实。遗传学丰富了生物学家的研究,今天的生物学家对于进化以及进化的过程已经有了新的认识。在他们看来,一个种群的生物学价值更多地取决于它的多样性而不是更有竞争力的个体。

经济学家就生物学家所发展的"竞赛"观点提出了类似的"竞争"概念。他们将竞争看做是社会演变的动力和指南,是一切进步的源泉。说它是动力,这毫无疑问,有冲突就会有改变。至于指南,就很难说了。唯有当社会利润最大化定理与现实相吻合时才成立,而该定理赖以成立的假设又是那么不堪一击。其实,竞争只能是盲目的,它有结果,却不能有目的。竞争经济就好比一辆有发动机却没有司机的汽车。发动机越强劲,车子越危险。

新的发现总是很快便传得尽人皆知,而对传统范例——一学科核心理论——的质疑,就发展得慢多了。经济学家继续在他们的学术领域内移用竞争概念,仿佛在达尔文之后它就再没变过。如此的墨守成规一部分应归咎于经济,它试图用实验,这个一切科学的法宝,来巩固它的基础,却碰到实践上的难题。

如果说把几千只果蝇放进一只苍蝇笼里,然后等着它们繁衍出20代子孙是很容易的事,那么把成千上万的人放到一座孤岛上让他们以各种方式进行生产或交换,等上几十年再来观察结果,就没那么容易了。因此,经济学家就把目光投放到某些民族自动发起的实验上。

这样的实验不可多得。如果有人自愿这么做,那么阻止实验进行就更显得可悲。不幸这种事刚刚在拉丁美洲发生了。

第二节　被阻止的经济实验

自从 1492 年克里斯托夫·哥伦布在他的第一次航海中发现了古巴岛后,古巴就沦为西班牙的殖民地,直到 19 世纪末。其主要的经济活动是甘蔗种植:成千上万的奴隶在巨大的庄园里耕作,全世界 1/3 的蔗糖产自古巴。

到了 1886 年奴隶制才被废除,经过与西班牙占领军的长期斗争,古巴终于在 1899 年获得了独立。然而,这来之不易的独立却形同虚设。这个国家发生的一切都牢牢地掌握在美国手中。他们给古巴安排傀儡总统来维护美国大公司的利益,这些公司直接掌握着该国的经济命脉(糖、烟草、镍)。

20 世纪初,旅游业开始发展。美国人来到哈瓦那并非为了欣赏美景,乃是为了寻求在他们国家被明令禁止的享乐:赌博和嫖妓。古巴成了美国的妓院。

美国人于 1940 年指定的最后一位独裁者巴蒂斯塔,通过吸引美国的资金和发展旅游业改善了岛内的经济收益。不过,享受收益的仅有外国投资者和少数政客,名列首位的便是巴蒂斯塔本人,他聚敛的财富不计其数。

由"大胡子"[①]组织的人民反抗运动最终战胜了政府军。

---

① 　原文为西班牙语"barbudos",意为"长着大胡子的人",此处指追随卡斯特罗者。——译注

1959 年,菲德尔·卡斯特罗取代巴蒂斯塔执政并承诺还古巴人民以尊严。他推行了一系列政策,如扫盲、改善健康以及工作条件人道化等。很快就有了惊人的成效。到 1988 年,古巴的婴儿死亡率还不到 25‰,是所有拉美国家中最低的。其教育系统和卫生系统向全国免费开放。

一开始,美国对卡斯特罗还颇有好感。显然过去那种对美国企业有利却违背全体古巴人民意愿的局面再维持不下去了。还是敬而远之为妙。卡斯特罗在华盛顿还受到了热情的款待。然而好景不常,为了支持自己改善古巴人民生存状况计划,卡斯特罗没收了美国企业的资产。美国自然不甘束手就擒。中央情报局策动了猪湾入侵①,遭到惨败,随后,美国对古巴岛实行封锁。

卡斯特罗唯一的出路就是求助于一个有能力帮助他的强国——苏联。他逐渐向苏联的立场靠拢,甚至同意部署威胁美国领土的导弹,这么做更多的是迫于无奈而不是意识形态的选择。这个致命的错误令美国的态度强硬起来,中情局开始资助反对卡斯特罗的运动。为了阻止反革命运动的发生,卡斯特罗加强了他的独裁统治。人民享有的自由越来越少。

时至今日,苏维埃帝国已土崩瓦解,古巴再也没了靠山,成为一座陷入重重包围、山穷水尽的孤岛。由于饥饿,走得了的百姓纷纷弃它而去。

---

① 猪湾入侵(Bay of Pigs invasion),指 1961 年 4 月 17 日 1 200 名反对卡斯特罗的古巴流亡分子在古巴西南海岸的猪湾发动的一次失败的入侵。由美国政府资助并指挥。——译注

　　如果有位科学工作者提出一种新的理论,威胁到前人的观点,他的同行们就会建议他做做实验,检验这套理论是否可行。人们会向他提供许多方法,以确保实验在最可靠最完备的条件下进行。

　　对一位"自由主义"的经济学家来说,把一个国家的经济建立在全面的集体主义基础上是很荒谬的;"这行不通。"这对他不是政治选择,而是关乎科学理论的建设。要想证实理论的可行性,最好的方法就是做实验。当然,俄国从 1917 年就开始了这项实验,结果大家都知道的:可是当时的实验条件太恶劣了,根本作不出科学的推论。起初,这个封建制国家处于支离破碎、穷困潦倒的状态,致使新政权采取的具体措施与他们信仰的主义所宣扬的内容相去太远。后来的独裁统治更是彻底地背弃了初衷。

　　说实话,如果可以重新做一次实验,这位自由主义经济学家本该心满意足了,前提是他能决定实验条件。60 年代初,一个有着 1 000 万人口的国家曾想把经济集体化,从商品经济领域夺回总体经济支配权,抛开社会利润最大化的定理,为人民创造幸福。"毫无疑问,"自由主义经济学家心想,"这会导致灾难;不过我们有一个办法可以证明这种有违传统的理论是决不可能适用于人类的。做实验吧,让自由主义闪耀正确的光芒,指引那些被无稽之谈迷惑了的人们重返正途。"

　　古巴本可以成为一个全球瞩目的全真经济实验场。美国的高等学府大可以派遣成群的教授和学生前往参观、记录、作比较、组织辩论,古巴将向博士论文和科学杂志上的学术论文提供取之不尽的素材。

可惜,先有卡斯特罗的失误,后有美国经常过激的举动,使这个实验场变成围城一座。导弹事件已经过去不少年了,本来有好几次机会应该可以恢复对话的。然而正相反,封锁还在进一步加强,包括基本的人道主义物资:古巴的医院里没有药品,学生没有练习本。

除了阳光,古巴没有任何可以利用的自然资源,它一无所有。甘蔗的收割已经机械化;由于缺少石油,这项收成只能换来微薄的收入。

大多数评论家认为,古巴目前的困境是卡斯特罗政策失败的明证。他选择了集体主义,所以不可避免地造成了这场灾难。乘木筏想跑到佛罗里达州去的人被说成是为了逃离卡斯特罗的统治。其实,他们逃跑是因为他们饥饿。领导者的错误是该对古巴的现状负责,但美国的封锁也难辞其咎,原本值得一试的实验被活生生地扼杀。

看看发生的一切,要说美国人对自己的制度缺乏信心并不为过。如果他们真对自由主义经济制度充满信心,就该坦然地任由集体主义发展。但是,他们不敢。如此心虚让一些人不由得产生怀疑,他们在所谓的自由主义经济的假面具下看到了最最严厉的法律,因此他们揭露这种完整主义并建议人们另辟蹊径。

一切有可能暴露其错误的论证和实验都被禁止,这还不是完整主义的做派吗?

第三节 财产所有权:个体对人类

完整主义,还意味着不能怀疑人们早已接受的观点,也不得改变人们习以为常的做法。我们的社会对财产所有权的尊重就很能说明问题。

鉴于交换在人的形成过程中的核心地位,我们不妨通过给予的需要来解释占有欲的由来。占有只是通往给予道路上的一个驿站,它只能用它的转瞬即逝来证明自己的存在,其唯一的目的就是交换,交换让人能够在社会上立足,被交换的物品不过是个借口。

一旦失去对一件物品的占有,在该物品与拥有者之间就会产生某种具有双重意义的联系,它用一根线将占有者与被占有的物联系在一起。在人类的整个历史进程中,人几乎不需要这根线,他从别人的目光中发现了自己的价值,而不是从他对占有物的目光中。

新石器时代的革命改变了这一切。人类在毗邻底格里斯河与幼发拉底河的富庶土地上耕耘,他们犁田、播种、收割。于是,他们对开垦的土地拥有了使用权,对他们保存在谷仓里的粮食有了消费权。

每个季节他们都能获得收成,因为他们付出了劳动。因此,社会应当保证让他们适时地得到这些收成,应当保证对"财产所有权"的尊重。只有耕种这一块田的人才有权收获田里的物产,也只有储藏粮食的人才能支配它们。

后来,占有变成可以世袭的了。后辈不用参与财富的创造就能够享用前人努力的成果与功绩。虽然这种所有权的延伸显得不大合理,但它却被广泛接受,并以家族延续为名,代代相传。

这么做显然极有可能令社会结构失调,比如一个全凭运气降生豪门的孩子就比旁人更容易赚到钱。现行的社会机制几乎是在自动地令富者愈富,贫者愈贫。

有人注意到了财产所有权造成的反常现象并采取措施以使其有所改善:犹太人曾经设立过一个"大赦"年,涉及的时间跨度为50年。每个人要把50年内获得的遗产统统上缴国家。而当今社会实行的规定则不那么严厉和有效了,国家仅以遗产税的形式向遗产继承人征收遗产的一小部分。这丝毫不影响他们的财富和特权的继续壮大,这可是经济背负的一个沉重负担。

或许是由于它的资格老,财产所有权仍然固守于我们的法律之中。在法国和许多国家,它都被当作一项基本原则列入宪法。看来真是需要一个像蒲鲁东那样有胆识的人才敢无视传统,大吼一声:"财产权,那是抢掠。"

今天,我们把对财产所有权的尊重看做公民关系的基石。质疑它显得荒唐,这将威胁到整个社会建筑。更糟的是,过度抨击财产所有权反过来将导致否定人类的"本质",因为个人对财物,尤其是土地的占有,被视为上天赋予的权利。

现在,这种心态在某些城市已经发展到可耻的境地。例如在巴黎,许多家庭蜷缩于陋室之中,同时却有无数住房空置着。法律无疑承认住房权,可是在强大的财产权面前,住房权就无能为力了。

我们每个人的确都需要哪怕一点点的个人空间,将这个空间占为己有,置于他人所能及的范围之外,是一个彻底的解决方法:属于我们的东西只受我们个人意志的支配,再也不必为未来担忧了。可是到了最后,人往往把自己和拥有的财富混为一谈。最典型的就是那些以土地或产业命名的贵族家庭:个人或氏族的身份与他们的财产混淆不清。到头来,究竟谁是谁的主人?

他们几近疯狂地寻求安全的保障。可是寻找安全只能是自欺欺人,算盘也只能落空,因为所有的"财产"都是相互依存的。

原始人就不知有这么一种相互依存的关系存在,他们为数不多,其行为对地球也就没什么影响。夺取某件物品的独有使用权至多只对邻近的人有些影响:他们原本也能够享用这件物品的,只是因此被剥夺了这份权利。相反,到了今天,相互依存成了一项规则,无处不在,每一个小动作都会很快地影响全人类。蚕食着萨赫勒①可耕种土地的撒哈拉沙漠化进程,是全球变暖的结果,而这结果又是由各大洲排放的二氧化碳造成的。斯堪的纳维亚半岛的湖泊被酸雨污染,酸雨又是英国工业酿成的。每个人都在为别人犯的错误受罪。

近来人类生存空间的日益丧失应当引起我们彻底的反思,反思我们是以怎样的态度对待大地赐予我们的财富的。显然,我们本该考虑到这些财富的更新速度,如果破坏的速度比生产快,贫

---

① 萨赫勒(Sahel),布基纳法索北部省份,位于西非撒哈拉沙漠南面。

——译注

穷恐怕就不可逆转了。我们必须承认,对后代子孙赖以生存的地球负有责任,就如父亲对他的孩子负有责任一样。

在我们的文化中,"财产"的概念不是仅仅局限于个人的。很早就有了"集体财产"的概念。现在应当更进一步,接受"人类财产",就是说不能只考虑活着的人的财产,还得替将来的人着想,直至人类消亡。

因此,人类共同拥有的财产显然不能加入供需平衡决定价格的游戏,因为供可以定量,而求却可以无限。需求者既不仅仅是今天活着的 50 亿人,也不仅是他们下个世纪的 100 亿后人,还包括所有将出现在人类历史上的人。想想看,这将是一个多么庞大的数字。他们中的每一分子都有权支配某一份财产,那么这份财产,用公证人的话说,是"共有的",它不可分割,不可用作交换,所以它也不属于经济学家演算的范畴,不能有价值。

人在使用人类共有财产的同时,必定也侵害了其他人的利益。不幸的是,人类社会对这一现象还远未有清醒的认识,他们依然擅自对地球进行定期搜刮。

对石油资源的恣意开采可算是最恶劣的例子。石油是大量单细胞生物的尸体经过数千万年的缓慢转化形成的产物,人类对它的使用却毫无节制。据地质学家统计,这一转化过程共产生了不同形态的石油约 4 000 亿吨。人类的消耗速度是每年 30 亿到 40 亿吨,加上储藏的石油中有一部分难以开采,估计再过七八十年就会出现石油危机。咱们后几代的子孙将被完全、彻底地剥夺对石油的使用权。显然,既不能把这笔财富托付给伊斯兰的几个酋长,也不能托付给那些跨国公司的巨头。前者有幸降生在石油矿层上,利用这一巧合大发横财,后者开发石油则只考虑自己的利益,应当把它交给全人类来管理,同时不能忘了咱们的后人,因为石油是一笔"人类财产"。

为避免掠夺属于我们儿孙的财产,理想的做法是尽早停止浪费这种不可再生的资源。现在每桶 15 至 20 美元的原油价格简直就是鼓励人们去糟蹋这大自然馈赠的礼物。几代以后的人类将在难以到达的地方苦苦搜寻最后几滴石油,也自然可以理直气壮地把我们当作一群蠢人和强盗。由于经济体制具有惯性,这种局面只能慢慢地扭转。应该尽快推行提高石油价格的计划,最终达到几百美元甚至几千美元一桶的骇人价格,把收回的钱用于资助可再生能源的开发研究,只有这样才能纠正我们的挥霍无度所犯下的可怕错误。

这就需要建立一些能够不惟国家或企业短期利益是图的机构。这决非空想,因为在文化领域已经有了这样的机构。这就是联合国教科文组织,经它的协调,所有成员国都同意部分放弃对他们最宝贵的建筑遗产的主权,亚眠①的大教堂、威尼斯或婆罗浮屠②不再仅仅属于法国、意大利或印尼政府,它们也是全人类的宝藏。

那么,为什么不以同样的态度来保护大自然赐予我们的宝藏呢?

_____

①　亚眠(Amiens),法国皮卡第大区索姆省省会城市和省会,建于 15 世纪的圣热尔曼教堂是其最著名的古建筑。——译注

②　婆罗浮屠(Borobudur),在印尼,世界最大的佛教建筑之一,约建于公元 800 年夏连特王朝统治时期,位于中爪哇。——译注

第四节　人的生命及其价值

　　人类的活动总是与危险相伴的。工业、交通都是事故的源头,往往致人死命。事故的多发有统计为证:在法国,汽车交通平均每年造成近万人死亡。在计算全球交通成本时,可不该忘了这些事故。

　　决策者在选择投资项目的时候,当然会考虑投资的成本以及投资所带来的产品附加值,可是,也必须考虑到它们可能造成的危及肢体甚至生命安全的事故数量的多少。修建桥梁和堤坝的工程师的例子就足够说明问题了,他们要负责清除"黑点",即图纸上标示的最危险地段。预算是固定的,那么是花光所有的钱以消除一切隐患为好呢,还是草草收拾几个路口,只减少一半发生事故的可能性好呢?

　　答案取决于对事故严重性的比较。对经济学家而言,这种比较只能用一些代表着投资回报价值的数据来表示。依照这种逻辑,就势必要给人的生命标上价值。

　　随即又引出了一个问题:哪一种人? 无论对婴儿、工人或老人,对流浪汉还是总经理都应该一视同仁吗? 事实上社会已经给了我们答案,在不同的领域,保证安全的费用大不相同。坐飞机的乘客和巴黎街头骑自行车的人相比,每经过一公里所冒的风险要小得多。飞机制造商和运输公司为机器和设备的安全性支付了昂贵的保险费;骑自行车的人只能自己为自己的安全负责了。如此看来,在选择投资的过程中,飞机上乘客的生命价值比骑车的人要高得多。

如果我们平等地看待这两者的价值,致命事故的总数将会下降,为航空安全支付的费用可以用来普及自行车道。所以还是有必要算算这笔账。

严格说来,生命的价值也应当由价格表示,价格又由供需决定,奴隶社会便是如此。在专门的市场上,每一个具备一定素质的奴隶都标有相应的价格。不过,人仅仅被看做劳动的提供者,同拉犁的牛没有区别。在那之外,再没有别的"市场"可言。经济学家能做的就是估算人的开销及其劳动成果的价值。

在一定的年纪,这二者之差可以代表一个人的瞬时"值"。在他的童年及青少年时期,这个值是负的,并且逐年递减。从他进入生产体系开始,就起了变化,此时,他的年龄达到 a_1,他创造的价值大于他的开销。曲线开始上升。当他的年龄为 a_2 时,投入与产出达到平衡,他的瞬时值从这时起变为正数。它在此后持续增长,直至年龄 a_3,这时由于劳累及衰老,他需要的费用开始超过他的产出。从那以后,投入与产出的差距就开始缩小,如果他活得够长,到年龄 a_4 的时候,二者再次相抵,然后瞬时值又变为负数,直至最后。

借着这条曲线,可以很容易地看出人与死亡的抗争对社会经济的繁荣有怎样的影响。要想让一个人有助于经济繁荣,他就得在年龄 a_1 与 a_4 间死去,其最佳状态出现在年龄 a_3 上。a_4以后,生命的继续对经济就不利了。

相反,在年龄 a_2 之前,个人的综合价值虽然是负值,但他们

人的生命及其价值

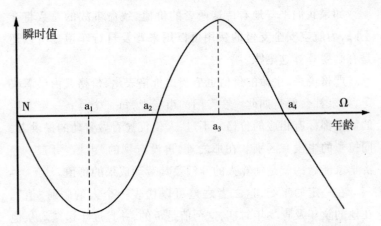

有足够的生命力度过 a_2 这个点并进入对社会有利的生命阶段。
所以我们有理由救活一名儿童或少年,只希望他们能在年龄 a_4
以前乖乖消失。

通过烦杂的计算,一些理论家试图在这条曲线的横坐标轴
(年龄)和纵坐标轴(瞬时值)上确定出各个点代表的具体年龄。
在西方社会, a_1 相当于20岁稍过一点; a_2 接近35岁,至此,个人把他
消耗了的都还给了社会;从 a_4 开始,他像寄生虫一般地活着,最终
消耗的资料比他一辈子创造的都多,这个年龄大约在80出头。

第一位尝试着确定这些年龄点坐标位置的科学家恐怕得算
大名鼎鼎的人口统计学家洛特卡了。他研究了一千名同时代的
美国人,统计他们一生累积的收入。扣除他们的教育及生活开
支,他算出了他们一生中,包括退休以后,为社会创造的价值,即

曲线上年龄对应点的纵坐标。按照当时的价格水平(1935～1940),男性创造的这一价值约为 6 万美元而女性则为零。我们不必对这结果感到大惊小怪,因为它是"科学的"。

为了向大家介绍这些推理和论断,我暂且故意使用这种犬儒主义的论调,虽然此类论调少见于诸科学刊物,可这并不代表它不存在。

研究这些问题的经济学家没有一点儿提倡让年纪超过 a_3 的人安乐死的意思,虽然他们的瞬时值开始逐渐下降。经济学家虽然没这么干,却也没忘了继续往下推理。从个人的角度出发,他们或许愿意努力挽救一位老人的性命,但是他们也认为如果病毒只传染给年纪过了 a_3 的人,或者更确切地说,过了 a_4 的人,那对社会经济的收支平衡的确会有所裨益的。

说到女性的零价值,部分原因是她们创造的价值往往不是以工资或收入的形式表现,因此上不了收支结算表;再加上女性的寿命较长,使得她们的生活开支相应增加。人类平均寿命的延长对于医生们是个引以为傲的胜利,可在经济学家眼中,却对社会福利水平不利。

如此评述生命的过程,显然太过功利了,而我们的社会也确实中毒匪浅。上了年纪的人被当成一些只消费、不创造,而且再也不能创造什么的人。一切都用会计用语描述,遇到任何情况,都像出纳似的,用数字将其分为两类:"借"与"贷"。

这位英国的医院看护主任只把昂贵的药品留给一定年纪以下的病人,在法国,有些负责输血的人,宁可给病人输感染了艾滋病毒的血液让病人冒感染上血友病的危险,也不愿破坏国家输血中心的收支平衡。在他们想法的潜移默化下,我们也觉着他们的行为是可以接受甚至是不足为奇的了。

甚至,我们不仅可以接受给一个人出价,还可以给每个人的器官或身体的部件出价。一个完好的肾脏或者一升健康的血液值多少钱?把子宫出租,怀上 9 个月的胎,又该要多少租金呢?

尽管没有准确的经济数据指导,巴西或者秘鲁一些游手好闲的盗贼们已经与美国几家诊所的领导展开了合作。双方都奉行"市场法规",价钱也是在操作规则的指引下经过交易谈妥的。前者从大城市里流落街头无家可归的孩子身上取得肾脏或眼球,偶尔还发发善心留他们一条活命;后者则用这些人体的部件实施移植手术,这既拯救了病人,又能证明他们的医术高明。于是人类就这样走向两极分化,一些人享受着知识带来的一切进步去实现他们的人生,另一些人就只能充当备用零件供应商为前者服务。

陷入这两个极端后,我们不得不自问这样的野蛮行径从何而来。若光谴责他们漠视生命或生性歹毒那也太简单了。下决心做或者已经做了这种买卖的人和整个社会的环境是分不开的,他们只是碰上了某个特定的机会将它付诸实施罢了。重归野蛮是我们接受经济主义的必然结果。

第五节 回归野蛮

当一个社会将它的一部分成员看成是"多余"的,它就是一个"野蛮"的社会。人之所以成为人是因为和其他人有交换。如果我们承认这个事实，就该承认所有人都是有用的。与萨特戏剧中的那句名言相反，地狱不是"他人"，而是不顾他人地活着，排斥这一部分人，就等于将他们判入地狱，当然不是阴间的虚幻地狱，而是人间的真实地狱，在那里人类社会驱逐了不能为它所容的人。

我说过，要造就一个人，需要很多的人，每个人都因别人的存在而存在。这别人可以是孩子也可以是老人，可以是悠闲满足的资产阶级也可以是生活在都市边缘的叛逆者，在神秘的炼丹术把一个由遗传基因造就的个体转变为对自己的存在和地位有意识的人的过程中，他们每个人都出了力。

评判一个社会是否成功的唯一标准应该是能否做到不排斥，让每个成员感到他是受欢迎的，因为人人都需要他。依照这个标准，世界各国的排名就与经济学家的说法大相径庭了。再也不是人均国民生产总值说了算，而要看有多少年轻人因为厌倦社会，或者更糟地，厌倦自己而放弃生命；有多少教育体系培养出来的孩子认为自己一无是处；又有多少绝望的人连倾吐生活难处的机会都没有，只能沦为窃贼。这一切的结果，一切的混乱，绝不是上天注定的，它们是人类的意志造成的后果，不论他们是有意还是无心。

如果用这些标准来衡量，那么经济主义指导下的社会无疑是失败的。他们在技术上的成功是以极端地不人道为代价换来的，这足以推翻他们传统社会结构的基石。美国的公民或许可以为送了几个探险家上月球而感到骄傲，可是在他们的一些大城市里，人们晚上回家的时候都提心吊胆的；法国人也可以为拥有几艘能将远方大陆上的城市悉数摧毁的核潜艇而沾沾自喜，然而，还有成千上万的家庭要等上几十年才能得到一套像样点儿的公寓。他们的孩子在学校也不受欢迎，他们能靠一句"法郎还很坚挺"聊以自慰吗？

为了让他们耐心地忍受困苦，政治家们抛出了"危机"一词。这与中世纪神甫们用的"上帝之怒"有点雷同，所有人都无能为力，只能静候上帝平息怒火。"危机"指的是一段有始有终的插曲，以灾难爆发的形式出现，鉴于它总归是要结束的，因此一切还会回到从前的模样，目前遇到的困难是每个人注定要面对和承受的。

现在，事实再明显不过了：我们遇上的恐慌绝不是什么危机。虽然这类事情总是发生在世纪末，甚至千年末，但那不过是因我们的纪年方式才产生的巧合。关键要明白，我们正在经历的变故是我们一手造成的，它的重要性不亚于几万年以前我们新石器时代的祖先开始定居时所面临的挑战。

人类是自作自受。该由他们自己来分析原因，寻求补救。

说实话，我们应当为能够生活在这样一个时代感到庆幸，我们的思维方式和目标都发生了转变。人类能够往新的方向发展是多么难得的机会。要是我们执意往经济主义的道上走，准保回到野蛮的状态去，就像 A.赫胥黎①在《人之杰》或奥维尔在《1984》中所描写的那样，对这样的人类，我们应当学会说"不"。

为此，我们必须打破脑海中根深蒂固的思维定式，这可能吗？

_____

① A.赫胥黎（Huxley, Aldous 1894～1963），英国文学家、神秘主义者。——译注

第五章　谈谈幸福如何？

哈瓦那岛上巴蒂斯塔时期的"窑子"现在被新政府改建成小学,原先窑子里寄生女的收入比学校的女教师怕是要高得多了。这算不算一种经济倒退,这笔账又该不该记到菲德尔·卡斯特罗头上呢？

经济主义的根本性错误就在于将人类的活动简化为商品的生产和消费,一些只能够满足社会的需要,令人满足的商品。它从不考虑其他的需要,能够带来幸福的需要:"物价涨了,人都谈不起恋爱了。"1968 年有人在拉丁区的墙上这样写道。

说实在的,与其说这是经济学家的错,不如说是对经济学家言听计从的社会的错,就像从前它对神甫百依百顺一般;也是政治家的错,他们借工作和言论掩饰其个人的野心。

物理学家研究着他们明知不存在的"理想气体"的活动;同样,经济学家也醉心于研究买方和卖方的行为,他们在虚构的理想市场上需求着、供应着可以交换的商品。他们的分析或许能带来一些精确的数据,可千万别把虚拟的模型同现实混为一谈。

经济发展的黄金时期是在社会进入工业化的阶段。当时,几乎全体老百姓,不论农民、工人,都在为满足基本的生活需求奔波,要吃、要穿、要住。只有为数不多的特权阶级才有工夫为别的事操心,比如精神上的几缕愁情,或高雅的审美情趣什么的。

因此,经济学家的思考范围在当时几乎覆盖了人类的所有主要活动和主要问题。人类需要的"商品"是借一定的资本通过人的劳动生产出来的,这些商品又通过酬劳劳动(以工资的形式)和资本(资本家的收入)实现了分配。社会各阶层的斗争为的是打破或维持不同角色间的平衡,无数工人和资本家之间的平衡。在没有工会的情形下(法国工会直到 1884 年才合法化,英国是 1871 年),工人无法组织起来维护自身权益,铁的工资纪律对他们完全不利。一些哲学家和小说家对工人的普遍遭遇表达了他们的同情,然而,在市场规律面前,哪怕交换的商品是人的劳动,同情又算得了什么呢?

生产出的产品直接关系到工人的工资,也关系到资本家的收入或者说他们的腰包。为了提高产量,需要更多的工人劳动,因此就要多发工资,这样,人们对商品的购买力也就提高,供需平衡就会自发地达成。

可后来,科技的进步和社会的发展从本质上彻底改变了人的需要和满足需要的必要手段,一切的平衡都被打破了。

为了说明这些变革的重要性,不妨把所有人分成三类:生产物质产品的,生产非物质产品的,什么都不生产的。

18 世纪末,旧王朝统治下的法兰西有 2 800 万人口,相当于今天法国人口的一半。这当中绝大多数人都忙于生产和分配生活必需的物质产品。农民、手工业者、工人、商贩占的比例超过总人口的 97%。"创造"非物质财富的主要是负责灵魂工程的神职人员,他们的人数约有 13 万,其中包括 4 万名修女,与教育及健康有关的事物大多由他们负责。最后,那些仗着自身的社会地位什么也不生产的就是贵族(约有 7 万个这样的家族,计 35 万人)和上层资产阶级,即所谓的"王朝资产阶级",他们享受着与贵族同等的特权但又不是贵族(约计 20 万人)。

这种划分到了今天也还没过时,只是它所代表的社会现实在过去的两个世纪里已彻底改头换面。

19 世纪,第一类人在全世界的总数依然庞大,不过比例有所变动。工业的发展增加了工人的数量,而第一次产业革命则令农民人数锐减。与之相反的是,这一局面在 20 世纪发生了急剧转变,尤其自 20 世纪下半叶以来,不论在工厂还是农村,产量都突飞猛进地增长。起初,主要问题是如何更好地组织生产。当时人们普遍认为经过高速的增长期后,很快会进入一个相对平稳的发展阶段,可事实上,电子技术又带来了新的飞跃。不久后,我们将看到生产只需要那么一丁点儿的劳动量,以至于劳动者的地位显得岌岌可危。工人将被由程序操控的机器所取代,从前只有熟练的专业人员才能完成的任务现在只要交给机器就行了,再说这些机器从不生病,不知疲倦,还不参加工会。

生产物质产品的人几乎全都不见了,这既是非物质产品领域发展的结果也是原因。要造一座桥,性能优越的软件就比大汗淋漓操作风镐的挖土工人来得重要。手艺在知识面前相形见绌,知识的增长和传播需要更多的人来从事非物质产品的生产。他们是生产者,可他们还是劳动者吗? 其实是"劳动"一词的含义发生了转移,它不再是压在我们头顶的神圣咒语,令我们不得不为了生存而穷尽毕生的心力,它成了一种集体的创造,能满足我们生存以外的其他需要。

这种从物质创造向非物质创造的转变构成了一场真正的变革,它缓缓酝酿了几百年,如今骤然爆发了。我们本该为之庆幸,然而受传统思维的束缚,我们总是对正在发生的或将要发生的转变望而却步,宁愿维持原状。胆怯,拒绝触手可及的希望,造成了无所事事的第三类人今天的命运。现在,他们中再也没有贵族和资产阶级了,只剩下失业者及他们的家人。在法国,每8个人中就有一个被挤出社会,没有位置可以给他了,他是多余的人。这些失业者可不像从前的贵族那样可以做悠闲的特权阶级,什么也不干还有社会养着。由于他们忍气吞声,从没想过去改变,所以他们的待遇自然比贵族要差得多。领取的微薄补助金通常只够勉强糊口,他们便省吃俭用。这么做令社会的活力尽失,失业猛增,于是,社会便自动分流。当局唯一的应对法宝就是:口口声声念叨着要"走出危机",却从没实现过。

面对这些变化,我们应当满怀希望而不是遗憾。从来没有哪一场革命比这更令人振奋。我们可以把它当作人类历史上最辉煌的阶段来经历,因为我们有着独特的观察世界和自己的能力。

出于对宇宙的好奇,我们揭开了许多奥秘,这是任何其他动物想都想不到的;我们的感官只允许我们了解一小部分有关星星的知识,但我们已经能够填补这些空白了,我们发现了脉冲星,想像出黑洞,"看"到了一片肉眼无法窥见的天空。大自然呈现在我们眼前的景象还不足以满足我们的好奇心，我们还要为世间的美景锦上添花，并且试着自己创造新的形态和色彩。我们成了自己情感的源泉。我们对自由有意识，因此为自己设立了大家都要遵守的规则，我们还制定法律，遵从伦理。

靠了科学、艺术和道德伦常，我们共同搭建起由人组成的社会。长久以来这个社会都被客观世界的限制牵绊着，首先得满足的是我们自身肌体的需要。现在，掐着脖子的老虎钳终于松开了，我们不再听天由命，终于可以掌握自己的将来，可我们却不敢面对它。

一个社会总拒绝它一直向往的东西，有人不用怎么付出就拥有物质财富，发生这样的怪事或许有许多原因，其中不乏经济学家的错误。

他们的错误在于只给一类产品赋予价值，就是那些在典型的"市场"上参与了交换的产品。这套理论对于可用实物衡量的物质产品或许十分有效，对某些非物质的产品也同样有效，如计算机程序或电视节目，但是，在大部分非物质产品中，想用交易来衡量它们的价值是不可能甚至是不光彩的。在某个星系中央发现的一个黑洞该值多少？一个先天患有不治之症的孩子被医生治好以后重新展露的微笑该值多少？一名少年在更多地了解了世界和他自己后所获得的满足感又该值多少？

经济学家认为，生产这样的产品要消耗成本，但它不产生价值。要解决这个矛盾，就不能按照生产者的短期利益来划分人类劳动的成果，因为生产者本身也从中得了利，而必须根据产品在社会中的功能以及社会对它们的分配方式，这样就出现了两类产品:一类是按个人的能力分配的,衡量标尺是他们的经济状况(我们把它们叫做"产品 M");另一类则是按个人的需要进行分配的("产品 B")。

产品 B 最早出现在公共卫生领域。1942 年,温斯顿·丘吉尔为了鼓励英国人民投身于新社会的建设,启动了一个立法计划(贝弗里奇①计划),目的是让所有需要就医的民众都能够得到医治,不论他们有无能力支付开销。在法国,全国抵抗运动委员会在解放之初就预见到社会保险体系将起到同样的作用。现实虽然不及倡导者们设想的完美,但至少现在大家都明白就医权与支付能力的结合将导致野蛮的回复。

教育系统的工作也会产生 B 类产品。学校不该是用来向社会提供它所需要的各色人等的,而应该让每个人都能找到通往智慧之门的途径。一成不变的教育体制已经这样存在太久了。随着岁月流逝,人们从那里学到的是中规中矩的行为方式,这样的学习是越来越没有必要了,教育宗旨的改革势在必行。

教育的不合时宜已经造成不少悲剧,例如由于风尚的转变,一些职业失去了作用:成千上万的年轻女孩学过制作手工花或紧身胸衣,然而显示她们心灵手巧的作品却没有人要了。现在不是时尚演变的问题,而是事关工作岗位的丧失。今后的学校将不再向将军们供应炮灰或向企业老总们供应造钱机器,它将帮助人们通过与别人的交流塑造自我。这项任务没有标准可

---

① 贝弗里奇(Beveridge of Tuggal, William Henry Beveridge 1879 ~ 1963),英国经济学家。——译注

依,也无法凭它的收益来验证。

同样,我们应该承认获得公平的对待是每个公民的权力,无论贫富贵贱。同样,每个家庭有权得到一套像样的住房,同样……

当然,教育、医疗、平等待人,这些都是该由人来完成的事,机器虽然可以帮帮忙,可它们只是作为辅助手段向人们提供一些信息或补充性的方法,主要还得靠人尽自己的最大努力去完成。与物质产品的生产相反,非物质产品的生产总会需要人的干预,它为人类的活动敞开了无限的空间,如果还有失业,那一定是社会出错的信号:需求还没全满足呢,人倒多了出来。

这些人有权力得到任何产品,包括有价格的产品 M,因此,应该给他们发工资。工资只能由他们创造的价值决定,可是产品 B 是没有报酬的。这么一来,B 的生产就得由 M 的生产来资助了。

换句话说,产品 M 的价格中应该包含了生产 B 的成本。这就要求有一种集体的(甚至集体主义的)社会制度来实现它。顾客在购买一辆汽车或一根棍子面包的时候应当意识到他参与了集体服务,这种服务由于自身的性质特殊而游离于无情的"市场法则"之外。一个社会越文明,就越能满足基本生存以外的需要,产品 B 占的分量也就越大。要评价一个社会是否比以往更加尊重人,关键是看产品 B 的真实成本和它在社会上的售价之间的差距有多大。

现行的经济体制中就存在这种差距,然而,出于不便言明的原因,它被当作一种不该存在的瑕疵和缺陷。人们认为这差价产生于历届政府的高压税收之下,虽然它们总许诺要降低它,却总是空话一句。幸好科技的发展一直在降低 M 的成本，同时社会的进步又扩大了产品 B 的需求。为了 B，只能更多地向 M 征收赋税。在全社会而不是个别企业获利的前提下，产品的销售价格与它的生产及商品化的成本之间的差距代表着一个社会对人的基本需要的尊重程度。

换换说法或许对标榜这些"赋税"的积极作用有点帮助。"赋税"之举也许因此而成为"参与文明"的有利因素。这样就更能说明集体与日俱增的重要性，因为集体代表着所有人的利益。随着我们改造自然能力的不断增强，以及人与人之间，企业与企业之间，国与国之间相互关系的日臻密切，必然带来"权欲"的无限膨胀。里根或撒切尔政府的逆流之举不过是一个制度的最后挣扎，它建立在 19 世纪的幻象之上，竞争是它的驱动器，也因此有了利己主义。至少我们可以希望这一切有所改变。

让人们无偿地得到产品 B 显然是对这些产品的浪费。相关的例子多不胜数：堆在家庭药柜里用不着的药品；一些国家用面包来喂牲口；人为地将面包价格压得很低，好让最穷的人也吃得起。

很明显，想按需分配就必须掌握需求的实际情况。例如医疗，它要求全体医务人员有责任心。他们的责任不仅仅是看护，还包括医疗领域内所有物资的合理安排。同样，教师也要对教育部门的管理负责，把有限的资金托付给"能人"比盲目依赖金钱来恢复健康要现实得多。

何况这依赖难保不糟蹋钱。只要看看那些"小玩意儿"日益攀升的销售量便可知,无非是些人们在广告的猛烈攻势下买回去的毫无用处的东西,或者,看看交通运输方面令人难以置信的浪费,人们还在大量地使用引发无数事故并造成破坏性污染的卡车,与此同时,现有的铁路却得不到充分利用。

同一切完整主义一样,经济主义也是建立在接受某种天命的基础上,必须服从于某种外来的意志并完全信赖它。对修道士,需要有一个上帝选定的人来揭示真理;对银行家,则必须遵守一套不可更改的机制。总之,是个人或集体都无法选择的。

当然,人是不能为所欲为的,我们身处的现实世界自有它的羁束,但是,人的天性常使我们想方设法地要摆脱它。我们虽没有翅膀,却有办法飞得比任何鸟儿都还要高,还要快。

人的尊严在于能够掌握自己的发展,在于拥有选择的自由。今天,我们正处在前所未遇的分岔路口:一边是波澜不惊的大道,通往少数人统治大多数穷人的社会——一个彻头彻尾的奴隶社会,节奏明快,秩序井然,可是几乎所有人都活得没有希望;另一边是一条陡峭险峻的路途,人们在途中探寻着全人类的平等,一个从未实现过的社会,在那里,每个人在地球上的任何地方都感觉像是回到了家。

要野蛮还是要民主,今日就当决断。

参考书目

ALLAIS Maurice, cours d'économie, école des Mines de Paris, 1949.

BERLAN Jean - Pierre, *"La logique infernale des rendements agricoles"*, Le Monde, 14 Juin 1988.

BONGAARTS John, *"L'Humanité mangera - t - elle demain?"*, Pour la science, mai 1994.

BRUNDTLAND Gro Harlem, Notre avenir à tous, le Fleuve, Montréal, 1988.

GEORGE Susan, *"Vieilles institutions et nouveaux désordres"*, in Dossier CADTM, Bruxelles, 1994.

JULIEN Claude, *"Pour sortir de l'impasse libérale"*, Le Monde diplomatique, septembre 1994.

PASSET René, L'Economique et le Vivant, Payot, 1979.

PETRELLA Riccardo, *Plaidoyer pour un contrat mondial*, Le Monde diplomatique, mai 1992.

ROBIN Jacques, *Changer d'ère*, Le Seuil, 1989.

SAUVY Alfred, *La Tragédie du pouvoir*, Calmann - Lévy, 1978.

SIMON Vyv et JENNINGS Andrew, *Main basse sur les J.O.*, Flammation, 1992.

译 后 记

第一眼看到《我控诉:霸道的经济》的书名时,我就立即被它吸引了。记得左拉在替犹太血统的军官德雷福斯伸张正义时曾在《震旦报》上发表公开信,头一句便是"我控诉",想必作者是引用了左拉的这句话作为书名,暗示他也像左拉一样,是站在公正的立场上发出正义的声音。

本书的作者阿尔贝·雅卡尔,是法国著名的科学家、社会活动家。本书是他透过对经济现象的观察作出的一些人文思考。

作者"控诉"的是"经济",却先从"人"谈起,因为,显然的,没有人的纵容,经济这台机器也就无法肆虐。

第一个要谈的就是人口。全球的人口还在持续增长,而地球即将不堪重负。大到全人类,小到国家内部,由贫富差别所引起的"人的不平等"现象无处不在。作者以铁的数字为证,指责西方居民穷奢极侈的生活方式,挥霍地球的宝贵资源,而广大的亚非拉人民还在为温饱苦苦挣扎。富国对穷国动辄以武力相威胁,因为穷,那里的人命就特别不值钱。他们宣扬的"人权"与"平等"不属于穷国和那里的人民。作者号召人们发动一场反对"不平等和贫穷"的战争。

如今世人大多为经济繁荣的表象所蒙蔽,因此难免将经济主义的教条奉为真理,也就是说,一切都由钱说了算。按照这个逻辑，买不起房子的人就不该有房子住(尽管宪法也承认人有住房权，但在无往不胜的经济主义面前，宪法也得退让三分)；没有钱，没有工作，人就没有尊严。为了卖出好价钱，销毁大量的农畜产品也是合乎"教义"的。这后一种行为作者认为尤其可耻，那些人全然不顾世界上许许多多还在忍饥挨饿的人，而只在乎自己能否实现"利润最大化"。

经济学家向我们脑子里灌输的经济理论已根深蒂固，它渗透在我们的日常生活中，支配着我们的喜怒哀乐，这还不算，就连关系人类生死存亡的战争也逃不出它的管制。时至今日，战争更多的是属于"经济行为"。作者举了有关美国的两个典型例子。一是20世纪40年代，美国借二战成功地摆脱了经济危机，和平发展绝不能有这等功效；二是1992年美军选择电视的黄金时段登陆索马里，作者不无讽刺地说，将军们都"听命于钞票"了。

当然，自由经济主义一统天下难免要遭到一些人的反对。古巴领导人卡斯特罗就是其中的代表。他打算在古巴推行集体主义经济，不幸，这好端端的试验硬是被美国活生生地搅了——美国对古巴实行了长达数十年的非人道的经济封锁。人们不禁要问：是不是美国人对自己的制度"缺乏信心"呢？因为他们根本就"不敢"对集体主义放任自流。他们的心虚恰是明证。作者一针见血地指出：他们禁止"一切有可能暴露其错误的论证和实验"，这正是经济完整主义的做派。

人类社会很早就接受了"财产所有权"的观念，作者建议大家进一步接受"人类财产"的概念。比方石油，就是一项人类的共同财产，谁也没有权力擅自开采，因为这同时也侵害了他人的利益。

既然个人的财产值得尊重,那么,全人类共同的财产就更应该受到尊重。作者尤其奉劝人们别向西方发达国家的居民学习,若人人都以那样奢华的方式过活,地球的末日无疑将提前到来。

经济主义的特征就是用"价值"来衡量一切,作者形象地称之为"会计用语",人的生命也不可幸免地被标上了价。因此,一个人在多少岁以前有价值,多少岁以后没价值,经济学家们心里都有本明细的账呢。为了至高无上的经济利益,他们自然盼着没价值的人趁早"乖乖消失"。还有人的器官——穷人的器官——也都是有价的,他们专供医生们为富人"移花接木"、"妙手回春"。作者提醒人们不要将这样的野蛮行为简单地归结为"漠视生命"或"生性歹毒",而应当考虑到这是"接受经济主义的必然结果"。如果人都不把人当人看,只看成是具有价值的商品,那么人类就真要回复到野蛮的状态去了。

因此,作者呼吁人们掌握自己的命运,在"野蛮"与"民主"中作出抉择,因为这已经是刻不容缓的事。

看着这番对经济主义义正词严的控诉,面对世界上由经济主义造成的种种悲剧,善良的人们都不会无动于衷吧。作者逻辑严密,论据翔实。他旁征博引又博学强记,对经济学、生物学甚至物理学、数学等诸多学科都造诣颇深,令人叹服。我希望通过介绍这样的一部作品,引起更多的人关注我们生活的这个星球,共同思考人类的未来。

黄旭颖

2001 年 7 月 21 日于南京